すみっコぐらしといっしょに学《まな》ぼう

文《ぶん》章《しょう》が上手《じょうず》になるコツ

監修
神奈川
土居正

はじめに

手《て》紙《がみ》や作《さく》文《ぶん》、日《にっ》記《き》にテストのこたえ…
ふだんの生《せい》活《かつ》の中《なか》で、文《ぶん》章《しょう》を書《か》く場《ば》面《めん》はたくさん！

「でも話《はな》すほうがすぐに伝《つた》わるし、書《か》いて伝《つた》えるより、
ずっと楽《らく》だよ」なんて思《おも》う人《ひと》もいるかもしれないね。

けれど、
手《て》紙《がみ》をもらって、心《こころ》がぽっと温《あたた》かくなったことや、
日《にっ》記《き》を書《か》いていたら、いつのまにか、

きもちがすっきりしていたなんてこと、
あるんじゃないかな。

そう、文章《ぶんしょう》には、相手《あいて》にきもちをまっすぐ伝《つた》えたり、
もやもやした心《こころ》を整理《せいり》したりするパワーがあるんだ。

この本《ほん》には、自分《じぶん》のきもちを文章《ぶんしょう》で表《ひょう》げんするコツや
文章《ぶんしょう》を書《か》くのが楽《たの》しくなるヒントがいっぱい♪

さあ、すみっコたちといっしょに読《よ》んでみよう！

すみっコぐらし™

ここがおちつくんです

すみっコぐらしとは？

電車《でんしゃ》に乗《の》ればすみっこの席《せき》から埋《う》まり、
カフェに行《い》ってもできるだけすみっこの席《せき》を確《かく》保《ほ》したい…。
すみっこにいるとなぜか“落《お》ち着《つ》く”ということがありませんか？
さむがりの“しろくま”や、自《じ》信《しん》がない“ぺんぎん？”、
食《た》べ残《のこ》し（!?）の“とんかつ”、はずかしがりやの“ねこ”、
正《しょう》体《たい》をかくしている“とかげ”など、
ちょっぴりネガティブだけど
個《こ》性《せい》的《てき》な“すみっコ”たちがいっぱい！

すみっコぐらしのなかまをご紹介《しょうかい》♡

うさぎマイスター
ひとみしり
元気っこ
ぼんやりや
みならいこうさぎ
いぬ＆こいぬ
おにぎり
アーム＆ふたば
すみっコ学園長
たぴおかのらくがき
たぴおか
???
ぺんぎん?
ぺんぎん?のすきなもの
あじふらいのしっぽ
＆あげだま
パン店長
がり＆わさび
あたりでもう1本!
はずれ
はずれぼう
うみっコ
くまのみ　はりせんぼん　ひとで
うみねこ　えび　うみがめ
ねこのきょうだい(グレー)
ねこ＆ざっそう
ねこ
CAT
おさいふ＆
ねこかん
ねこのきょうだい(トラ)
つちのこ
スミエティ
スミフット
たぴ星人
UFO
スミランパサラン

Sumikkogurashi™
Minna Atsumarundesu

しろくま & ふろしき
しろくまのおちゃ
ぺんぎん(本物) & ふろしき(ボーダー)
おばけ & まめマスター
さとう店長 & さとう副店長
やま
すなやま
かわうそ
ほし(ひとで?) & ほしのさんきょうだい
ブラックたぴおか & たぴおか(レインボー)
こーんにちは
ほこり & わた
こーん
ぽっぷこーん
とんかつ & えびふらいのしっぽ
からし
わさび
ちょうみりょう
もぐら
とかげ(本物) & きのこ
くり
とかげ & にせつむり
とかげの たからもの
すずめ & ふくろう
ちからもち
ものまねが得意
あそぶのがすき
おばけのなかま
とんかつ王
あげだま隊員
みにとまと
こめつぶ

もくじ

保護者《ほごしゃ》の皆《みな》さまへ

子《こ》どもの文章《ぶんしょう》を読《よ》んだとき、まず細《こま》かいことは気《き》にせず「自分《じぶん》なりの視点《してん》で書《か》けたこと」を見《み》つけ、「ここがあなたらしい！」などとほめてあげてください。

子《こ》どもが文章《ぶんしょう》を書《か》き出《だ》せなかったら、「昨日《きのう》は何《なに》が一番楽《いちばんたの》しかった？」「公園《こうえん》で何《なに》をしたっけ？」「どんなことを思《おも》った？」、そんなふうに焦点《しょうてん》を絞《しぼ》りながら質問《しつもん》するのもいいですよ。文章《ぶんしょう》を書《か》く視点《してん》が生《う》まれ、親子《おやこ》の会話《かいわ》にもなります。

文章《ぶんしょう》を書《か》く力《ちから》は、実《じつ》は「考《かんが》える力《ちから》」そのもの。本書《ほんしょ》が、文章《ぶんしょう》を書《か》くことを苦《く》とせず、自分《じぶん》の強《つよ》みにしてくれるきっかけになったら幸《さいわ》いです。

土居正博

第《だい》1章《しょう》

じゅんび編《へん》

文《ぶん》章《しょう》ってどんなものだろう?

ここでは、よのなかにあるいろいろな
文章《ぶんしょう》をしょうかいするよ。
文章《ぶんしょう》にはどんな役《やく》わりがあるのかな?
文章《ぶんしょう》のステキなところはどんなところかな?
いっしょに考《かんが》えてみよう♪

1
じゅんび編《へん》

なぜ文《ぶん》章《しょう》を書《か》くの？

あなたは、どんなときに文章《ぶんしょう》を書《か》く？
学校《がっこう》で作文《さくぶん》を書《か》いたり、日記《にっき》を書《か》いたり。
家族《かぞく》やお友《とも》だちに、手紙《てがみ》を書《か》いたり、
ＳＮＳでメッセージを送《おく》ったり。
じつは、毎日《まいにち》文章《ぶんしょう》を書《か》いているんじゃないかな？
もしかしたら「全部《ぜんぶ》口《くち》で言《い》えば楽《らく》なのに！」なんて
思《おも》うこともあるかもしれないね。
それじゃあ、なぜみんな文章《ぶんしょう》を書《か》くんだろう？
その理由《りゆう》をいっしょに考《かんが》えてみよう！

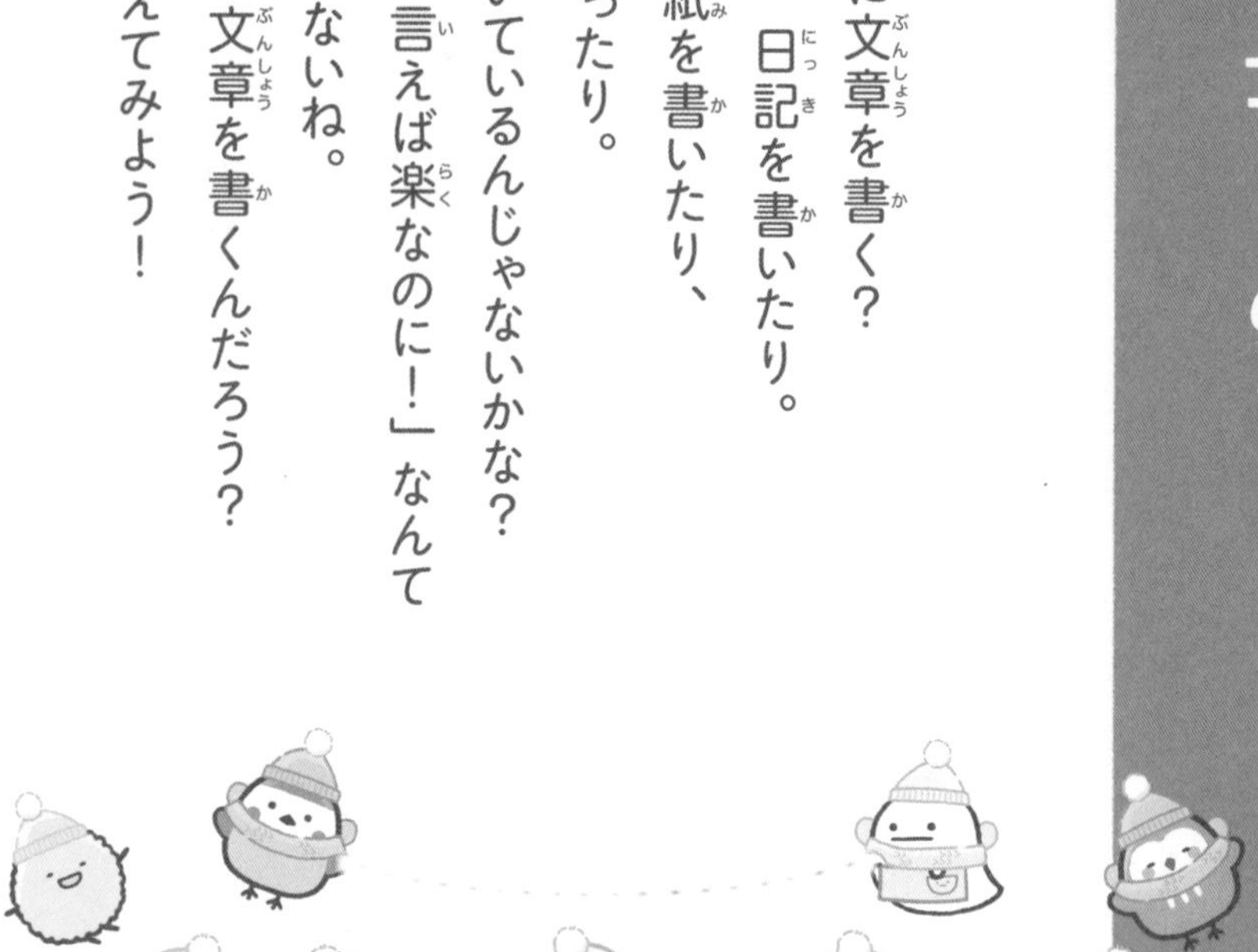

文章《ぶんしょう》を
書《か》く理由《りゆう》って
何《なん》だろう？

文章《ぶんしょう》の
よさって
どんなところ？

文章《ぶんしょう》には
どんな力《ちから》が
あるのかな？

伝《つた》えたいことがあるとき、どうしてる？

こんなとき、あなたならどうやって伝《つた》えるかな？
当《あ》てはまるものを、A～Dの中《なか》から自由《じゆう》に選《えら》んでみよう。
こたえはいくつあってもだいじょうぶだよ。

① 明日《あした》の待《ま》ち合《あ》わせ場所《ばしょ》を、お友《とも》だちに伝《つた》えるときは…

② 「ごめんなさい」を伝《つた》えたいときは…

A ちょくせつ会《あ》って言《い》う

B 絵《え》や図《ず》、文《ぶん》を書《か》く

C 電話《でんわ》で言《い》う

D 手紙《てがみ》やメール、SNSのメッセージを送《おく》る

3

夏休《なつやす》みの自由研究《じゆうけんきゅう》の結果《けっか》を、はんのみんなに伝《つた》えたいときは…

4

最近《さいきん》の様子《ようす》を、遠《とお》くに住《す》んでいる親《しん》せきに伝《つた》えたいときは…

文章《ぶんしょう》はきもちを伝《つた》える手段《しゅだん》の1つ

相手《あいて》にきもちや意見《いけん》を伝《つた》える方法《ほうほう》はいろいろあるね。文章《ぶんしょう》はそのうちの1つ。

それぞれにいいところがあるから、相手《あいて》や場面《ばめん》に合《あ》わせて上手《じょうず》に使《つか》い分《わ》けよう。あなたのきもちが、さらに相手《あいて》にとどきやすくなるよ！

文章《ぶんしょう》のいいところって？

カードに「話《はな》すとき」「文章《ぶんしょう》を書《か》くとき」の
いいところが書《か》かれているよ。どちらの色《いろ》が
どちらのものか当《あ》ててみよう！

伝《つた》えたいことが
その場《ば》で
すぐ伝《つた》わる

時間《じかん》をかけて
言葉《ことば》を
選《えら》べる

直接《ちょくせつ》
言《い》いにくいことも
伝《つた》えやすい

表情《ひょうじょう》や声《こえ》で
相手《あいて》の反応《はんのう》が
わかる

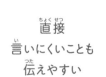

時間《じかん》が
かからない

自分《じ ぶん》のきもちを
整理《せい り》しながら
伝《つた》えられる

後《あと》からでも
読《よ》み返《かえ》せる

短《みじか》い時間《じかん》で
たくさんの
じょうほうを
伝《つた》えられる

文章《ぶんしょう》なら、じっくり考《かんが》えをまとめられる

時間《じかん》をかけて、ていねいに説明《せつめい》できるのが、文章《ぶんしょう》の一番《いちばん》のよさ。だから「大切《たいせつ》なこと」を伝《つた》えたいときにぴったりだよ。それに文章《ぶんしょう》に書《か》くと、自分《じぶん》の考《かんが》えをすっきり整理《せいり》できるよ。「うまく言葉《ことば》が出《で》てこない」「心《こころ》がもやもやする」というときは、まず文章《ぶんしょう》にして書《か》き出《だ》してみよう。自分《じぶん》の心《こころ》と、じっくり向《む》き合《あ》えるはずだよ！

こたえ：水色《みずいろ》…文章《ぶんしょう》を書《か》くとき、ピンク…話《はな》すとき

2

じゅんび編《へん》

何《なに》を書《か》いたらいいのかな？

「文章《ぶんしょう》を書《か》くのは苦手《にがて》！」という人《ひと》の中《なか》には、
「何《なに》を書《か》けばいいかわからない」という人《ひと》や、
「みんなが思《おも》っていることとちがうかも…」
と、気《き》になって、なかなか書《か》けないという人《ひと》も
多《おお》いかもしれないね。
でも、心配《しんぱい》しなくてだいじょうぶ！
いくつかのポイントを知《し》っておけば、
すらすらと書《か》けるようになるよ。
心《こころ》の中《なか》にあること、言《い》いたいことを、
すなおに書《か》けるようになったらステキだね！

相《あい》手《て》に
伝《つた》わる文《ぶん》章《しょう》の
ポイントは？

「事《じ》実《じつ》」と
「きもち」を
書《か》いてみよう

書《か》いちゃ
いけないことって
ある？

「事実《じじつ》」と「きもち」を書《か》いてみよう！

上《うえ》の文《ぶん》と下《した》の文《ぶん》を自由《じゆう》に組《く》み合《あ》わせて、
文章《ぶんしょう》をつくってみよう！
どんな文章《ぶんしょう》ができるかな？

1 休《やす》み時間《じかん》に、お友《とも》だちとなわとびをした

2 給食《きゅうしょく》がカレーだった

3 苦手《にがて》な算数《さんすう》の宿題《しゅくだい》が出《で》た

4 お姉《ねえ》ちゃんにゲームで負《ま》けた

＋

A うれしかった

B くやしかった

C ワクワクした

D めんどうだなと思《おも》った

きもち

自分《じぶん》が
感《かん》じたことや
意見《いけん》

＋

事実《じじつ》

実《じっ》さいに
あったことや、
その様子《ようす》

もやもやしていた心《こころ》が
すっきりした！

部屋《へや》のそうじをした

↓

部屋《へや》のそうじをしたら
もやもやしていた心《こころ》がすっきりした！

「事実《じじつ》」と「きもち」で ぐっと伝《つた》わる文章《ぶんしょう》に

文章《ぶんしょう》は、「事実《じじつ》」と、「きもち」を書《か》くと、わかりやすい文章《ぶんしょう》になるよ。特《とく》に「きもち」はあなたらしい文章《ぶんしょう》を書《か》くための大切《たいせつ》なポイント。もし、同《おな》じ本《ほん》を読《よ》んだとしても、感《かん》じることは人《ひと》それぞれ。感《かん》じたことや意見《いけん》をすなおに書《か》くことで、あなたらしさが伝《つた》わる文章《ぶんしょう》になるよ！

書《か》いていいのはどんなこと？

A〜Fの中《なか》から、文章《ぶんしょう》に書《か》いていいことを選《えら》んでみよう。いくつ見《み》つかるかな？

A

はやっている
テレビ番組《ばんぐみ》を
見《み》て感《かん》じたこと

B

みんなと
反対《はんたい》の意見《いけん》

C

お友《とも》だちが
読《よ》んだ本《ほん》と
同《おな》じ本《ほん》の感想《かんそう》

D

たん生日《じょうび》や運動会《うんどうかい》など
特別《とくべつ》な行事《ぎょうじ》がない
ふつうの日《ひ》のこと

じつは、全部《ぜんぶ》書《か》いてOK！

E

弟《おとうと》や妹《いもうと》とケンカしたときのきもち

F

宿題《しゅくだい》をやりたくない理由《りゆう》

書《か》きたいことを自由《じゆう》に書《か》いてみよう！

あなたの体験《たいけん》や感《かん》じたことを自《じ》由《ゆう》に表《ひょう》げんできるのが、文章《ぶんしょう》のいいところ。「みんなといっしょじゃなきゃ」とか「ちゃんとしたことを書《か》かなきゃ」なんてこわがらなくてだいじょうぶ。あなたが書《か》きたいことを、思《おも》いきって書《か》いてみよう！

1つだけお約束《やくそく》！　だれかのひみつや悪口《わるぐち》など相手《あいて》をきずつけることは書《か》かないでね。

3
じゅんび編《へん》

いい文《ぶん》章《しょう》って、どんな文《ぶん》章《しょう》？

文章《ぶんしょう》の大切《たいせつ》な役《やく》わりの1つは、
自分《じぶん》の意見《いけん》や思《おも》いを、だれかに伝《つた》えること。
だから、「伝《つた》えたいこと」が、「伝《つた》えたい人《ひと》に伝《つた》わる」
文章《ぶんしょう》が、いい文章《ぶんしょう》なんじゃないかな。
それじゃあ、どうやったら
相手《あいて》に伝《つた》わる文章《ぶんしょう》になるんだろう？
伝《つた》わりにくい文章《ぶんしょう》になっちゃう原《げん》いんは何《なに》かな？
いろいろな文章《ぶんしょう》を見《み》ながら、
すみっコたちといっしょに考《かんが》えてみよう！

どんな文章《ぶんしょう》が
いい文章《ぶんしょう》
なのかな？

伝《つた》わりやすい
文章《ぶんしょう》を書《か》く
ポイントって？

伝《つた》わらない
原《げん》いんは
何《なん》だろう？

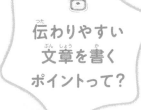

いい文章《ぶんしょう》は伝《つた》わりやすい！

2つの文章《ぶんしょう》をくらべてみよう。
どっちの文章《ぶんしょう》が、相手《あいて》に伝《つた》わりやすいかな？
どの部分《ぶぶん》がちがうかも考《かんが》えてみてね。

1

A

今日《きょう》は動物園《どうぶつえん》に行《い》きました。
楽《たの》しみにしていたぞうが
見《み》られて、飛《と》びはねるほど、
うれしかったです。

そのときのきもちが伝《つた》わるのはどっち？

B

今日《きょう》は動物園《どうぶつえん》に行《い》きました。
ぞうを見《み》ました。

2

A

わたしの家《いえ》にはむぎという
犬《いぬ》がいます。
むぎはやばいです。
特《とく》に毛《け》と口《くち》がやばいです。

イメージがわきやすいのはどっち？

B

わたしの家《いえ》にはむぎという
犬《いぬ》がいます。ふわふわの毛《け》なみと、
笑《わら》っているような口元《くちもと》が
とてもかわいいです。

❸

A

ぼくは兄《あに》が大《だい》好《す》きです。
野《や》球《きゅう》が得《とく》意《い》で、教《おし》えるのが
うまいけど、きゅうりがきらいで、
でもサッカーもできます。

まとまっているのはどっち？

B

ぼくは兄《あに》が大《だい》好《す》きです。
野《や》球《きゅう》が得《とく》意《い》で、
ピッチングのコツをやさしく
教《おし》えてくれます。

❹

A

昨日《きのう》はケーキをつくりました。
クリームをぬるのがむずかしかった
です。自《じ》分《ぶん》でつくったケーキを
食《た》べられて、大《だい》満《まん》足《ぞく》でした。

文章《ぶんしょう》のルールを守《まも》っているのはどっち？

B

昨日《きのう》はケーキをつくります。
クリームをぬるのがむずかしかった。
自《じ》分《ぶん》でつくったケーキを
食《た》べれて、大《だい》満《まん》足《ぞく》でした。

こたえ：❶…A、❷…B、❸…B、❹…A

伝《つた》わりやすい文章《ぶんしょう》のポイント

伝《つた》わりやすい文章《ぶんしょう》には、いくつかポイントがあるよ。26〜27ページの文章《ぶんしょう》とくらべながら、いっしょに考《かんが》えてみよう！

「事実《じじつ》」と「きもち」を書《か》こう！

今日《きょう》は動物園《どうぶつえん》に行《い》きました。ぞうを見《み》ました。

「きもち」が書《か》かれていると、ワクワクした様子《ようす》が伝《つた》わって、楽《たの》しく読《よ》めるね。

こうしてみよう！

今日《きょう》は動物園《どうぶつえん》に行《い》きました。楽《たの》しみにしていたぞうが見《み》られて、飛《と》びはねるほど、うれしかったです。

20〜21ページもチェックしてね

表現《ひょうげん》（イメージ）のはばを広《ひろ》げよう！

わたしの家《いえ》にはむぎという犬《いぬ》がいます。むぎはやばいです。特《とく》に毛《け》と口《くち》がやばいです。

「どんなふうにかわいいのか」を表《あらわ》す言葉《ことば》があると、イメージしやすいね。

こうしてみよう！

わたしの家《いえ》にはむぎという犬《いぬ》がいます。ふわふわの毛《け》なみと、笑《わら》っているような口元《くちもと》がとてもかわいいです。

58〜71ページもチェックしてね

まとまりをもたせよう

ぼくは兄《あに》が大好《だいす》きです。野球《やきゅう》が得意《とくい》で、教《おし》えるのがうまいけど、きゅうりがきらいで、でもサッカーもできます。

こうしてみよう！

「野球《やきゅう》」以外《いがい》のこともたくさん書《か》かれていると、まとまらない！
一番《いちばん》伝《つた》えたいことだけを書《か》くのもおすすめ

ぼくは兄《あに》が大好《だいす》きです。野球《やきゅう》が得意《とくい》で、ピッチングのコツをやさしく教《おし》えてくれます。

76〜79ページもチェックしてね

文章《ぶんしょう》のルールを守《まも》ろう！

昨日《きのう》はケーキをつくります。クリームをぬるのがむずかしかった。自分《じぶん》でつくったケーキを食《た》べれて、大満足《だいまんぞく》でした。

こうしてみよう！

文章《ぶんしょう》のつながりや、おかしな言葉《ことば》づかいを整《ととの》えると、正《ただ》しく伝《つた》わるね。

昨日《きのう》はケーキをつくりました。クリームをぬるのがむずかしかったです。自分《じぶん》でつくったケーキを食《た》べられて、大満足《だいまんぞく》でした。

82〜93ページもチェックしてね

読《よ》む人《ひと》のことを考《かんが》えて書《か》こう！

いい文章《ぶんしょう》は、書《か》いた人《ひと》のきもちや、まわりの様子《ようす》がよく伝《つた》わるね。自由《じゆう》に書《か》くのも楽《たの》しいけれど、伝《つた》えたい相手《あいて》がいるなら、その人《ひと》のきもちになって書《か》いてみて。「想像《そうぞう》しやすいかな」「大事《だいじ》なことが伝《つた》わるかな」と、考《かんが》えながら書《か》くことが、いい文章《ぶんしょう》を書《か》く一番《いちばん》のコツだよ。

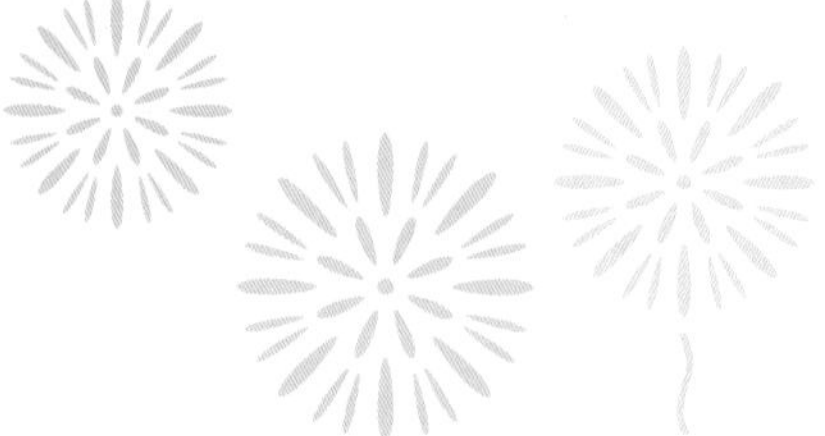

4

じゅんび編《へん》

身《み》のまわりの文章《ぶんしょう》を見《み》てみよう！

わたしたちのくらしの中《なか》には、
たくさんの文章《ぶんしょう》があるね。
あなたのまわりにも、本《ほん》、新聞《しんぶん》、
ゲームの説明書《せつめいしょ》、おかしのパッケージ…と、
いくつも文章《ぶんしょう》があるんじゃないかな？
ここでは、身《み》のまわりの文章《ぶんしょう》が、
どんなことを伝《つた》えようとしているのか
見《み》てみよう。あなたが文章《ぶんしょう》を書《か》くときの、
お手本《てほん》になる文章《ぶんしょう》がきっと見《み》つかるよ！

どんなところに
文章《ぶんしょう》が
あるのかな？

どんなことを
伝《つた》える文章《ぶんしょう》
なんだろう？

お手本《てほん》になる
文章《ぶんしょう》を
さがしてみよう！

身《み》のまわりの文章《ぶんしょう》をさがそう！

家《いえ》の中《なか》と町《まち》の中《なか》の絵《え》があるよ。
それぞれの絵《え》の中《なか》から、
文章《ぶんしょう》や言葉《ことば》をさがしてみよう。

家《いえ》の中《なか》

動物ワールド
新聞
暑中お見舞い申し上げます
学校から
お知らせ

こたえ：…テレビの字幕《じまく》、新聞《しんぶん》、手紙《てがみ》、学校《がっこう》からのお知《し》らせ、おかしのパッケージ

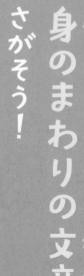

町《まち》の中《なか》

安い！
スーパー
公園ではなかよくあそびましょう
今日の大特価
みどりの朝のまほう使い
5/10

学校《がっこう》や公園《こうえん》など、
ほかの場所《ばしょ》でもさがしてみてね！

産地直送
とれたて

こたえ：…公園《こうえん》やスーパーの看板《かんばん》、えい画《が》のポスター、スーパーのチラシ

いい文章《ぶんしょう》を見《み》つけよう

身《み》のまわりにあるいろいろな文章《ぶんしょう》を
じっくり見《み》てみよう。
どんないいところがあるかな？

「何《なん》だろう？」と
印象《いんしょう》に残《のこ》る
タイトルだね！

見《み》どころが短《みじか》い文章《ぶんしょう》
で表《ひょう》げんされていて、
きょうみをひくよ。

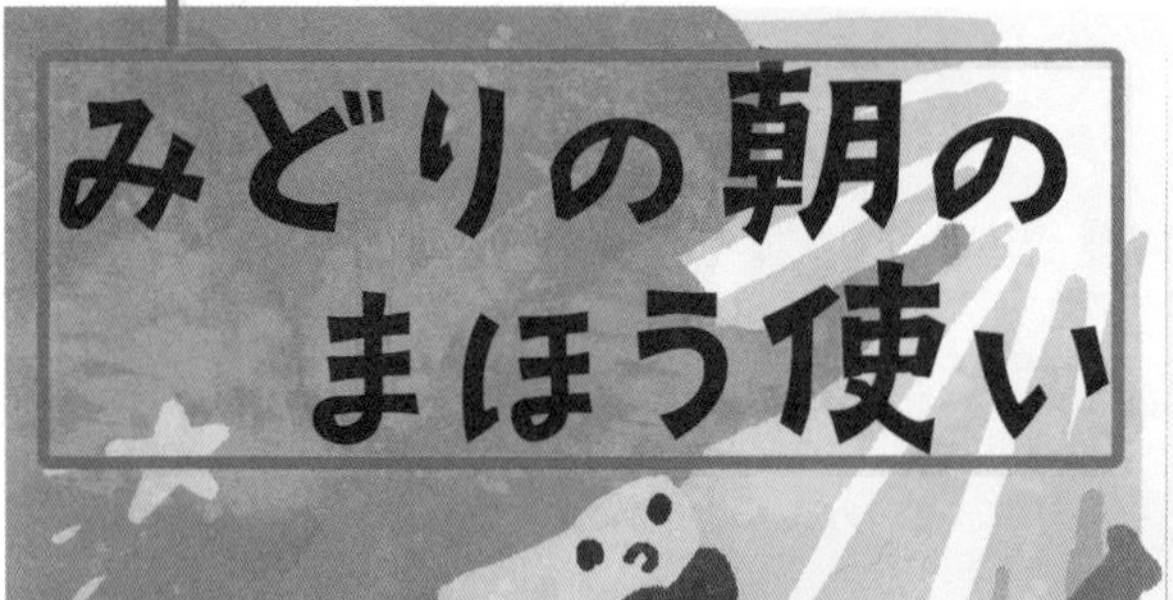
みどりの朝のまほう使い
ドキドキがとまらない！
この夏もっとも心おどる物語をあなたに！
5/10
上映

よびかけるような
文章《ぶんしょう》に、思《おも》わず
目《め》がとまるね。

上映《じょうえい》が始《はじ》まる日《ひ》など
大切《たいせつ》なじょうほうも、
わすれず
書《か》かれているね。

食材《しょくざい》やアレルギーに
かかわる大切《たいせつ》なじょうほうは、
まちがいがないよう、
事実《じじつ》だけを短《みじか》く書《か》いているよ。

食感《しょっかん》がオノマトペ*で
表《ひょう》げんされていて、
イメージしやすい！

*62ページで説明《せつめい》するよ

名称
材料
ポテトチップス
ジャガイモ
食用油
食塩
本品に含まれている
アレルゲン
小麦・牛肉
パリッと
もっちり
素材の味
パリパリもっちり
新食感
ポテトチップス
コンソメ
ゆたかな
かおりと
甘味が
きわだつ

五感《ごかん》を使《つか》った表《ひょう》げん
で、思《おも》わず食《た》べたく
なっちゃうね！

文章《ぶんしょう》のお手本《てほん》は身《み》のまわりにいっぱい！

わたしたちの身《み》のまわりの文章《ぶんしょう》は、読《よ》む人《ひと》の心《こころ》を動《うご》かしたり、まちがいがないように伝《つた》えたりするための工夫《くふう》がつまっているよ。「自分《じぶん》ならどう書《か》くかな？」と、考《かんが》えながらたくさんさがしてみてね！

つちのこ
まぼろしのつちのこ。
つかまっちゃうので
ひっそりくらしている。
にげあしがはやい。

スミランパサラン
ふわふわただようふしぎなコ。
みつけると幸せになれるといわれている。

UFO
空をとぶふしぎなコ。
アームににている？
おもしろいものがあったら
すぐつかまえてしまう。

SUMIKKOGURASHI™
Fushigi na otomodachi

ちょっと休《きゅう》けい♪　その1

スミフット
山でくらしているといわれているコ。
まだちいさいけどあしはおおきい。
こわがられるけどおきらくな性格。

スミエティ
雪山でくらしているといわれているコ。
まだちいさいのでさむさによわい。
こわがられるけどやさしい性格。

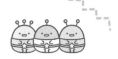

たぴ星人
たぴ星からやってきた。
たぴおかににている。

みんなの身《み》のまわりは、たくさんの文章《ぶんしょう》があふれているよ。
声《こえ》に出《だ》して読《よ》んだり、いいな！　と思《おも》った文《ぶん》をメモしてみよう。
そうやって集《あつ》めたたくさんのヒントがあなたを文章名人《ぶんしょうめいじん》にしてくれる♪

第《だい》2章《しょう》

テクニック編《へん》

もっと伝《つた》わる！文章《ぶんしょう》のコツ

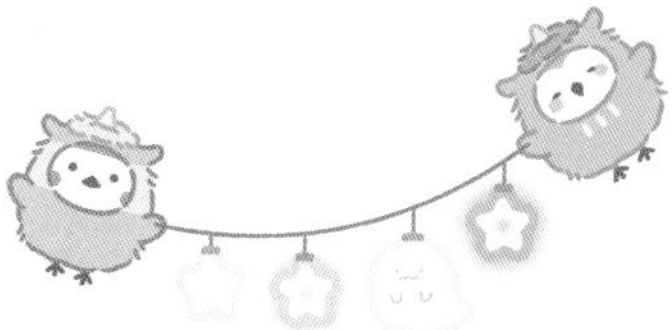

ステキな文章《ぶんしょう》を書《か》くためには、
基本的《きほんてき》なお約束《やくそく》があるよ。
そのかんたんなお約束《やくそく》を知《し》っていれば、
あなたも文章名人《ぶんしょうめいじん》になれる！

1

テクニック編《へん》

伝《つた》わる文章《ぶんしょう》はどうやって書《か》くの？

伝《つた》わる文章《ぶんしょう》を書《か》くのは、とてもかんたん！
まず、伝《つた》えたいことを見《み》つけよう。
自分《じぶん》がどんなことをして、何《なに》を感《かん》じたのかを
人《ひと》に伝《つた》えたいと思《おも》うことが大事《だいじ》だよ。
見《み》つかったら、書《か》く順番《じゅんばん》や書《か》き出《だ》し、
タイトルを整《ととの》えよう。
これで、伝《つた》わる文章《ぶんしょう》はだれでもすらすら書《か》けるはず。
仕上《しあ》げに、きちんと見直《みなお》せば、
伝《つた》わる文章《ぶんしょう》の完成《かんせい》！

伝《つた》わる文章《ぶんしょう》を書《か》くステップ

START

まずは
書《か》きたいことを
見《み》つけよう！

どんな順番《じゅんばん》で
書《か》くか決《き》めよう

書《か》き出《だ》しで
差《さ》をつけよう！

「読《よ》みたい！」と
思《おも》うタイトルを
つけよう！

GOAL

最後《さいご》の
見直《みなお》しで
完《かん》ぺき♪

まずは書《か》きたいことを見《み》つけよう！

あなたは、書《か》きたいことを見《み》つけるのが得意《とくい》？　それとも苦手《にがて》？
自分《じぶん》に当《あ》てはまるものをチェックしてみよう！

- ☐ 最近《さいきん》「ハッ！」としたことをすぐ言《い》える
- ☐ 作文《さくぶん》には特別《とくべつ》なことを書《か》きたい

- ☐ まわりの人《ひと》の変化《へんか》によく気《き》づく
- ☐ レストランでメニューはじっくり選《えら》びたい
- ☐ 今日《きょう》の朝《あさ》ごはんを思《おも》い出《だ》すのに時間《じかん》がかかる
- ☐ 今《いま》やってみたいことが3つ以上《いじょう》ある

どっちが多《おお》かった?

ピンクが多《おお》かった!

あなたは、書《か》きたいことが次々《つぎつぎ》見《み》つかるタイプだね。その調子《ちょうし》で気《き》になることを、いっぱいさがしてみてね。

水色《みずいろ》が多《おお》かった!

あなたは、書《か》きたいことを時間《じかん》をかけて考《かんが》えたいタイプかな。「おや?」と思《おも》ったり、「いいな」と思《おも》ったりしたことをメモすることから始《はじ》めよう!

小《ちい》さな気《き》づきを大切《たいせつ》にしよう!

作文《さくぶん》に書《か》くことは大《おお》きなできごとじゃなくてもだいじょうぶ。例《たと》えば、お友《とも》だちに言《い》われてうれしかったこと、夕焼《ゆうや》けを見《み》てきれいだと感《かん》じたことなど、心《こころ》にとまった小《ちい》さなことでもいいんだよ。

書《か》きたいことを整《せい》理《り》しよう

「書《か》きたいことがあっても、まとまらない！」とこまることはないかな？　左《ひだり》の整《せい》理《り》シートを使《つか》って、いっしょに書《か》きたいことをまとめてみよう！

「事《じ》実《じつ》」と「きもち」に分《わ》けて整《せい》理《り》しよう！

START

「事《じ》実《じつ》」を書《か》き出《だ》そう

まずは、自《じ》分《ぶん》がしたことや、出《で》来《き》事《ごと》を順《じゅん》番《ばん》に書《か》き出《だ》そう。

そのときの「きもち」を書《か》こう

「事《じ》実《じつ》」の横《よこ》に、そのときの「きもち」を書《か》くよ。ふせんではってもいいね。

GOAL

一《いち》番《ばん》心《こころ》に残《のこ》ったことを選《えら》ぼう

最《さい》後《ご》に、一《いち》番《ばん》心《こころ》に残《のこ》ったことと、その理《り》由《ゆう》を書《か》こう。どう？　書《か》きたいことが整《せい》理《り》されたんじゃないかな？

書《か》きたいこと整理《せいり》シート

5 月《がつ》 18 日《にち》　天気《てん き》 はれ

①今日《きょう》起《お》きたことを書《か》こう　②どんなきもち？

朝《あさ》ねぼうして、
ちこくしそうだった

ドキドキした

算数《さん すう》のテストが
90 点《てん》だった

うれしかった！

帰《かえ》り道《みち》で見《み》たことがない
花《はな》を見《み》つけた

気《き》になって
そわそわした

③一番《いち ばん》心《こころ》に残《のこ》ったこと

花《はな》を見《み》つけたこと

どうして心《こころ》に残《のこ》ったのかな？

知《し》らない花《はな》だったので、もしかして新種《しん しゅ》の
花《はな》かもしれないと思《おも》ったから。

＊P.139の「書《か》きたいこと整理《せい り》シート」をコピーして使《つか》おう！

書《か》く順《じゅん》番《ばん》を決《き》めよう

バラバラになった3つの文章《ぶんしょう》をならびかえて、読《よ》みやすくしてみよう！

A

練習中《れんしゅうちゅう》に何《なん》度《ど》も
転《ころ》びました。
つらくて、
やめたくなったことも
ありました。

B

けれど、
あきらめないで
よかったです。
続《つづ》けることの大切《たいせつ》さが
わかりました。

C

わたしは、
今日《きょう》ついに
一輪車《いちりんしゃ》に乗《の》れる
ようになりました。

こんな順番《じゅんばん》で書《か》いてみよう！

はじめ

書《か》き出《だ》し

今日《きょう》は、家族《かぞく》みんなで、こいのぼりをかざった。

今日《きょう》のできごとを伝《つた》える

なか

メインの話題《わだい》

1年《ねん》ぶりのこいのぼりを見《み》て、ぼくは「あれ？」と思《おも》った。昨年《さくねん》より、こいのぼりが小《ちい》さく感《かん》じたからだ。

こいのぼりを見《み》て、感《かん》じたことを伝《つた》える

おわり

まとめ

パパとママに話《はな》したら「それは、あなたが大《おお》きくなったからだよ」と言《い》われた。ぼくは、ほこらしいきもちになったけど、少《すこ》しさみしくもなった。

パパとママの言葉《ことば》で気《き》づいたことを伝《つた》える

時間《じかん》の流《なが》れや場面《ばめん》を意《い》しきしよう

時間《じかん》が行《い》ったり来《き》たりしたり、急《きゅう》に場面《ばめん》が変《か》わったりする文章《ぶんしょう》は、読《よ》む人《ひと》がわかりづらく感《かん》じちゃうことがあるよ。読《よ》む人《ひと》が想《そう》像《ぞう》しやすいように文章《ぶんしょう》が組《く》み立《た》てられているか、かくにんしてみよう。

こたえ：B→A→C

4つの型《かた》で書《か》いてみよう！

はじめ、なか、おわりにどんな内《ない》ようを
入《い》れるかで、文章《ぶんしょう》の印象《いんしょう》が変《か》わるよ。
いろいろ試《ため》して、
一番《いちばん》大事《だいじ》なことが伝《つた》わる順番《じゅんばん》を考《かんが》えよう。

あたま型《がた》

一番《いちばん》言《い》いたいことを、はじめに書《か》くよ。

4つの季節《きせつ》の中《なか》で、
一番《いちばん》いいのはぜっ対《たい》に夏《なつ》だ。

←

なぜなら、夏休《なつやす》みに
いっぱい遊《あそ》べる。

←

海開《うみびら》きや花火大会《はなびたいかい》などの
イベントもたくさんあって、
とてもワクワクする。

しっぽ型《がた》

一番《いちばん》言《い》いたいことを、おわりに書《か》くよ。

夏休《なつやす》みは、
いっぱい遊《あそ》べる。

←

海開《うみびら》きや花火大会《はなびたいかい》などの
イベントもたくさんあって、
とてもワクワクする。

←

だから、4つの季節《きせつ》の中《なか》で、
一番《いちばん》いいのはぜっ対《たい》に夏《なつ》だ。

サンドイッチ型《がた》

一番《いちばん》言《い》いたいことを、最初《さいしょ》と最後《さいご》に書《か》くよ。

4つの季節《きせつ》の中《なか》で、
一番《いちばん》いいのはぜっ対《たい》に夏《なつ》だ。

←

夏休《なつやす》みは、いっぱい遊《あそ》べる。
さらに、海開《うみびら》きや
花火大会《はなびたいかい》などのイベントも
たくさんあって、
とてもワクワクする。

←

だから、4つの季節《きせつ》の中《なか》で、
一番《いちばん》いいのはぜっ対《たい》に夏《なつ》だ。

列車型《れっしゃがた》

時間《じかん》の流《なが》れや考《かんが》えた順番《じゅんばん》にそって、一直線《いっちょくせん》に書《か》くよ。

夏休《なつやす》みになって、
遊《あそ》ぶ時間《じかん》が
いっぱいできた。

←

ぼくは思《おも》った。
「夏《なつ》がぜっ対《たい》に一番《いちばん》いい季節《きせつ》
なんじゃないか」と。

←

海開《うみびら》きや花火大会《はなびたいかい》などの
イベントもたくさんある。
とてもワクワクする。

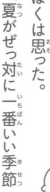

書《か》き出《だ》しって、どうしたらいい？

書《か》き出《だ》しとは、文章《ぶんしょう》のはじまりの部分《ぶぶん》のこと。
書《か》き出《だ》しを工夫《くふう》すれば、読《よ》む人《ひと》をぐっと
引《ひ》きこむことができるよ。

テーマ：今日《きょう》あったこと
最初《さいしょ》の一文《いちぶん》だけ書《か》いてみよう

どのくらいかかった？

すぐ書《か》けた！
あなたの文章力《ぶんしょうりょく》は達人級《たつじんきゅう》！
ふだんから文章《ぶんしょう》を
書《か》き慣《な》れているのかな。

3分以内《ぶんいない》に書《か》けた！
どんなふうに書《か》けば
おもしろくなるか、
考《かんが》えることはとても大事《だいじ》。
そのペースでOK！

もっと長《なが》くかかった！
あなたはじっくり考《かんが》える
しん重《ちょう》なタイプ。
思《おも》いきって書《か》き出《だ》してみよう。
意外《いがい》とスムーズに
進《すす》むかも。

なやんだらこの2種類《しゅるい》から選《えら》ぼう

「事実《じじつ》」から書《か》き始《はじ》める

今日《きょう》、学校《がっこう》で運動会《うんどうかい》があった。

続《つづ》きには…

起《お》きた出来事《できごと》を順《じゅん》に書《か》こう

「きもち」から書《か》き始《はじ》める

ぼくは、くやしい。

続《つづ》きには…

そのきもちになった理由《りゆう》を書《か》こう

まずは、「事実《じじつ》」か「きもち」を書《か》こう

「事実《じじつ》」は、どんな様子《ようす》だったのかをそのまま書《か》こう。「いつ」「だれが」がはっきりしていると、読《よ》む人《ひと》は想像《そうぞう》しやすいよ。「きもち」の場合《ばあい》は、感《かん》じたことをはっきり書《か》いてみよう。読《よ》む人《ひと》が「なぜ？」と、続《つづ》きを知《し》りたくなるんだ。

心《こころ》をつかむ書《か》き出《だ》しにしてみよう

書《か》き出《だ》しを工夫《くふう》すると、「読《よ》んでみたい！」と思《おも》わせる文章《ぶんしょう》になるよ。コツをいくつかしょうかいするね！

START

セリフでスタート

自分《じぶん》やほかの人《ひと》のセリフから始《はじ》める。

例《れい》

「今日《きょう》こそ、勝《か》つぞ」

START

五感《ごかん》でスタート

聞《き》こえた音《おと》、かいだにおい、さわった感覚《かんかく》などから始《はじ》める。

例《れい》

「パーン！」

START

ぎゃくからスタート

タイトルや、その後《あと》に続《つづ》く内《ない》ようとぎゃくの意見《いけん》から始《はじ》める。

例《れい》

負《ま》けてもいいと思《おも》っていた。でも

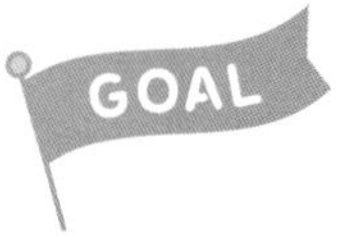

「だれにも負《ま》けたくない」。
走《はし》り出《だ》したしゅん間《かん》、
ぼくは思《おも》った。

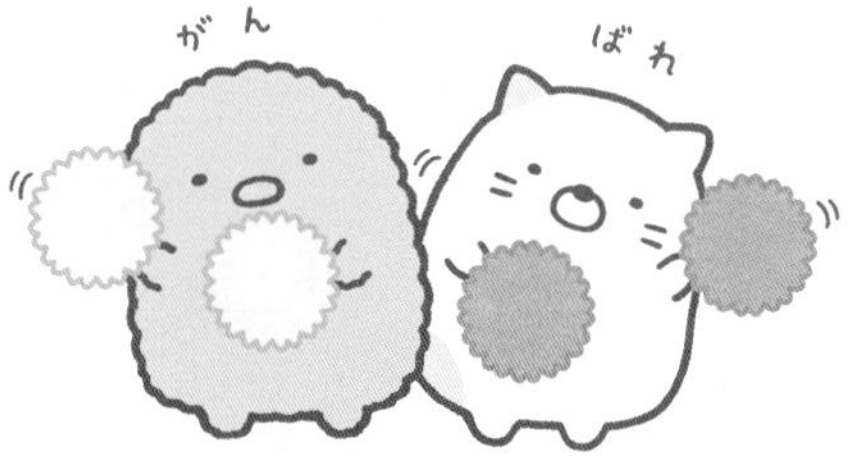

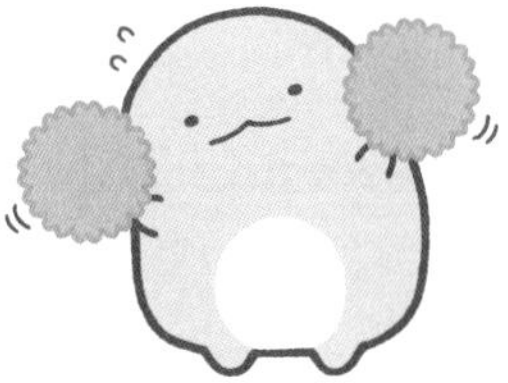

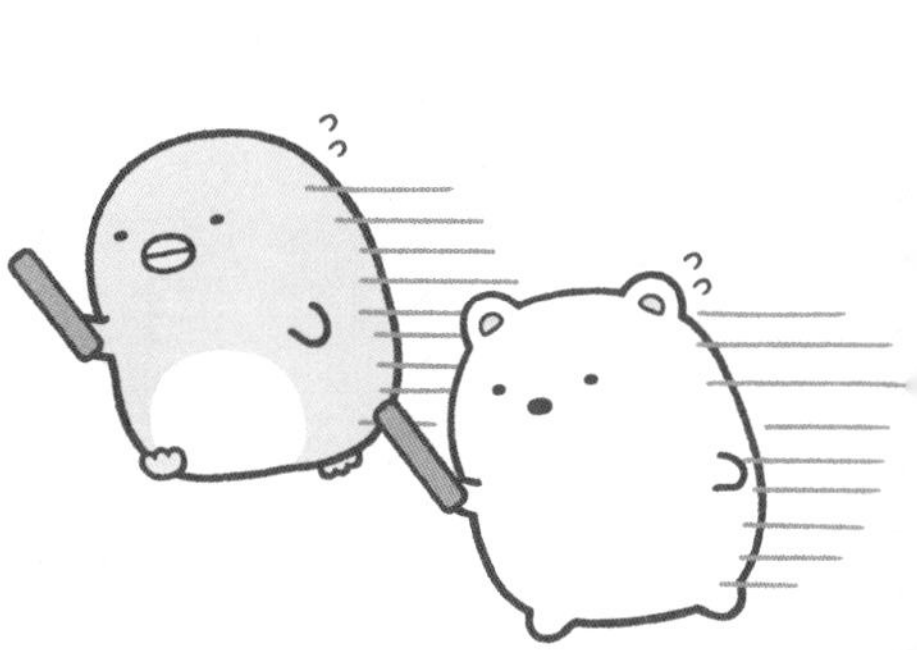

書《か》き出《だ》しで差《さ》をつけよう！

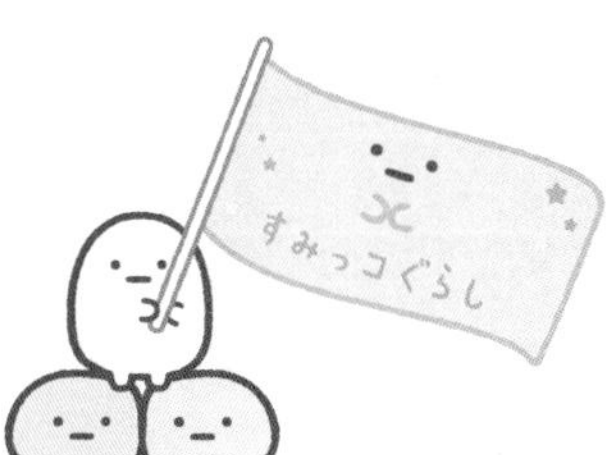

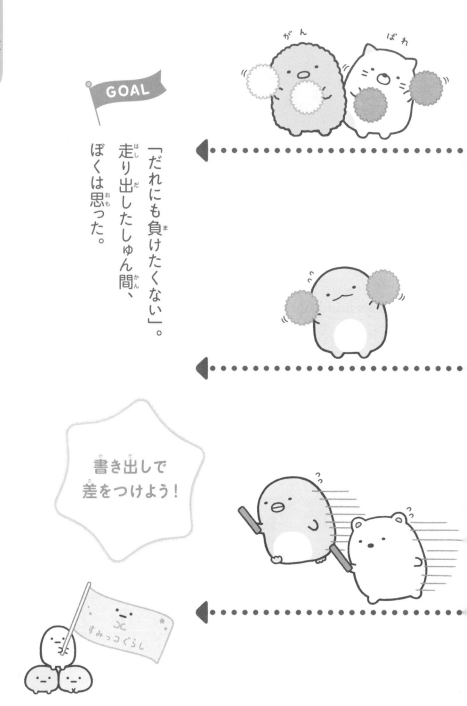

タイトル（題《だい》）ってなぜつけるの？

「どんなお話《はなし》かな？」「中《なか》の文章《ぶんしょう》を読《よ》んでみたい！」と、文章《ぶんしょう》につけるタイトルには読《よ》む人《ひと》をワクワクさせる役《やく》わりがあるんだ。

知《し》っている本《ほん》はあるかな？
チェックしてみよう！

- 人間《にんげん》失格《しっかく》 □
- 吾輩《わがはい》は猫《ねこ》である □

- 蜘蛛《くも》の糸《いと》 □
- 注文《ちゅうもん》の多《おお》い料理店《りょうりてん》 □

これらの本《ほん》は、実《じっ》さいにある本《ほん》のタイトルだよ。
「読《よ》んでみたい！」って思《おも》わせる、み力《りょく》的《てき》なタイトルだね！

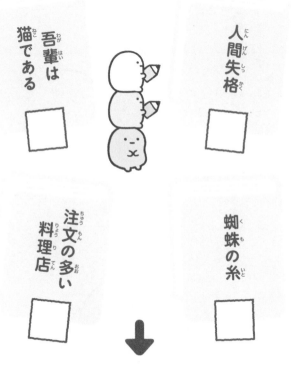

タイトルには、こんな役《やく》わりがあるよ！

どんな内《ない》ようの文章《ぶんしょう》か伝《つた》える

どんな文章《ぶんしょう》なのか、
読《よ》む人《ひと》に内《ない》ようをズバリと
伝《つた》えられるよ。

読者《どくしゃ》のきょうみを引《ひ》く

「どういうことかな？」と
読《よ》む人《ひと》を
引《ひ》きつけるんだ。

思《おも》わず読《よ》んでみたくなる
タイトルに！

気《き》になるタイトルを集《あつ》めてみよう

文章《ぶんしょう》だけじゃなくて、えい画《が》やドラマ、マンガのタイトルも、「読《よ》んでみたい」「見《み》てみたい」と思《おも》わせるものはいっぱいあるよ。ふだんから自分《じぶん》が気《き》になったタイトルをメモして、なぜ気《き》になったのかを考《かんが》えてみても楽《たの》しいかもね！

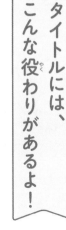

タイトル（題《だい》）をみ力《りょく》的《てき》にしよう

よく知《し》られている物語《ものがたり》に、自分《じぶん》で考《かんが》えたタイトルをつけてみよう。ここでは「浦島太郎《うらしまたろう》」を取《と》り上《あ》げてみたよ。

要約《ようやく》タイプ

ストーリーのポイントを★要約《ようやく》してタイトルにしてみよう。

例《れい》 浦島太郎《うらしまたろう》の大《だい》へんしん

浦島太郎《うらしまたろう》

浦島太郎《うらしまたろう》はかめを助《たす》けたお礼《れい》に海《うみ》の底《そこ》にある竜宮城《りゅうぐうじょう》へしょう待《たい》されました。竜宮城《りゅうぐうじょう》では、ごうかな料理《りょうり》をふるまってもらうなどおもてなしを受《う》け、幸《しあわ》せな毎日《まいにち》をすごしました。

ことわざタイプ

みんなが知《し》っている言葉《ことば》をタイトルにしてもおもしろいよ！

例《れい》 後《こう》かい先《さき》に立《た》たず

★要約《ようやく》って、文章《ぶんしょう》の大事《だいじ》なところをまとめることだよ。

語《かた》りかけタイプ

主人公《しゅじんこう》に言《い》いたいセリフをタイトルにしてみよう。

例《れい》 開《あ》けるなキケン！

ところが、村《むら》にもどると様子《ようす》がすっかり変《か》わり、何百年《なんびゃくねん》もの時間《じかん》がたっていることに気《き》づきました。
太郎《たろう》は悲《かな》しくなり、約束《やくそく》をやぶって、おみやげの玉手箱《たまてばこ》を開《あ》けました。すると箱《はこ》からけむりが出《で》て、太郎《たろう》はあっという間《ま》におじいさんになってしまいました。

きもちタイプ

主人公《しゅじんこう》のきもちをタイトルにすると、どうなるかな？

例《れい》 かめを助《たす》けただけなのに

仕《し》上《あ》げにしっかり見《み》直《なお》そう

書《か》き終《お》えたら、必《かなら》ず見《み》直《なお》そう。読《よ》みにくいところやまちがいなどが見《み》つかって、もっとよい文章《ぶんしょう》づくりにつながるよ。

きもちを変《か》えたはく手《しゅ》

三《さん》年《ねん》二《に》組《くみ》　海《うみ》野《の》　わた

「ザッ、ザッ、ザッ」。ぼくの耳《みみ》のそばで、ライバルたちの足音《あしおと》が大《おお》きく聞《き》こえてきた。

運動会《うんどうかい》のときょう走《そう》に出《で》たときのことだ。スタートしたときは、ぼくが先《せん》頭《とう》だった。クラスのみんなや家《か》族《ぞく》の声《こえ》に、せ中《なか》をおされるように体《からだ》がどんど

文章《ぶんしょう》を練《ね》り直《なお》そう

もっとわかりやすくできないか、きちんと意味《いみ》が伝《つた》わるかなどを考《かんが》えて、文章《ぶんしょう》を練《ね》ってみよう。

声《こえ》に出《だ》して読《よ》もう

声《こえ》に出《だ》して読《よ》む「音読《おんどく》」をすると、文章《ぶんしょう》のおかしなところに気《き》づきやすいよ。

ん前《まえ》に進《すす》んでいった。ところがゴールが近《ちか》づいたしゅん間《かん》、ぼくは大《おお》きく転《ころ》んでしまったのだ。
結《けっ》果《か》はビリ。でも、すりむいたひじをおさえながらゴールすると、みんなが大《おお》きなはく手《しゅ》をしてくれた。くやしいきもちが、うれしいきもちに変《か》わっていくのを感《かん》じた。

書《か》いてから少《すこ》し時《じ》間《かん》をおくと見《み》直《なお》しがはかどるよ！

字《じ》のまちがいはないかな？

せっかくいい文《ぶん》章《しょう》を書《か》いても、漢《かん》字《じ》をまちがえていたらもったいないよ。

見《み》直《なお》しで、きもちをきちんと伝《つた》えよう

作《さく》文《ぶん》でいちばん大《だい》事《じ》なのは、自《じ》分《ぶん》のきもちがきちんと伝《つた》えられているかどうかだよ。そこに気《き》をつけて文《ぶん》章《しょう》を見《み》直《なお》してね。

2
テクニック編《へん》

もっと伝《つた》わる！　文《ぶん》章《しょう》のコツ

読《よ》む人《ひと》に自分《じぶん》のきもちを伝《つた》えるには
いくつかのコツがあるよ。
それはとてもかんたんなこと！
表《ひょう》げんを工夫《くふう》したり、★具体的《ぐたいてき》に書《か》いたり、
テーマを1つか2つにしたり。
それだけで文章《ぶんしょう》は
ピカピカにみがかれてくるよ。
自分《じぶん》だけのステキな文章《ぶんしょう》を作《つく》るコツを
覚《おぼ》えちゃおう！

★具体的《ぐたいてき》って、「あったことや見《み》たものをくわしく」ということだよ。

文《ぶん》章《しょう》達《たつ》人《じん》への道《みち》！

表《ひょう》げんをゆたかに
読《よ》む人《ひと》の想《そう》像《ぞう》力《りょく》を
ふくらませるために、
工《く》夫《ふう》してみよう！

具《ぐ》体《たい》的《てき》に書《か》こう
時《じ》間《かん》、場《ば》所《しょ》などを
しっかり書《か》くことで、
ぐんと読《よ》みやすく
なるよ！

まとまりを大《だい》事《じ》に
伝《つた》えたいテーマを
決《き》めて、そのことだけ
書《か》くと、読《よ》む人《ひと》も
集《しゅう》中《ちゅう》できるよ！

表《ひょう》げんを工夫《くふう》して いきいきとした文章《ぶんしょう》にしよう

音《おと》や様子《ようす》、きもちを表《ひょう》げんする言葉《ことば》を、文章《ぶんしょう》に使《つか》ってみよう。文章《ぶんしょう》がいきいきとして、読《よ》む人《ひと》が想像《そうぞう》しやすくなるよ。
❶～❸の□に入《はい》る言葉《ことば》をA～Dから選《えら》ぼう。

❶ □のパンを食《た》べた。

A ふわふわ　B かちかち
C ぱさぱさ　D じゃりじゃり

❷ 妹《いもうと》はまるで□のように赤《あか》くなった。

A もも　B かき
C みかん　D りんご

こたえ：❶…A、❷…D、❸…B

3

プレゼントをもらい
心《こころ》が［　　　　］
うれしかった。

A　しずむように
B　はずむように
C　しぼむように
D　すくむように

表《ひょう》げんを工夫《くふう》すると書《か》くのも楽《たの》しくなる！

「どんなふうに表《あらわ》したら伝《つた》わるかな？」と考《かんが》えて、自分《じぶん》が思《おも》ったことにぴったりな表《ひょう》げんを見《み》つけられると、とても楽《たの》しくなるよ。［　　　］の中《なか》は読《よ》む人《ひと》の想像力《そうぞうりょく》をふくらませる表《ひょう》げん。みんなもたくさん考《かんが》えてみてね。

表《ひょう》げんのはばを広《ひろ》げよう！

音《おと》を言葉《ことば》で表《あらわ》したオノマトペやたとえ言葉《ことば》を使《つか》うと、場面《ばめん》の様子《ようす》や人《ひと》のきもちが、もっと伝《つた》わりやすくなるよ。

オノマトペ

自然《しぜん》の音《おと》や、動物《どうぶつ》の鳴《な》き声《ごえ》などを文字《もじ》にしてみよう。

雨《あめ》がふる

変身《へんしん》！ ←

雨《あめ》が しとしと ふる

ほかにも！

ざあざあ・ぱらぱら・ぽつぽつ・じとじと

たとえ言葉《ことば》

「〜のように」や「〜みたいな」などを使《つか》って、別《べつ》のものやことにたとえてみよう。

雨《あめ》がふる

変身《へんしん》！ ←

たきのような 雨《あめ》がふる

空《そら》が泣《な》いているかのように 雨《あめ》がふる

ほかにも！

「バケツをひっくり返《かえ》したような雨《あめ》がふる」

文章《ぶんしょう》がさらに深《ふか》くなる！「語《ご》い」って何《なに》？

ここでの「語《ご》い」は、「使《つか》える言葉《ことば》の数《かず》」のことをいうよ。みんなはどれくらい語《ご》いをもっているかな？　きもちを表《あらわ》す言葉《ことば》をたくさん考《かんが》えてふき出《だ》しに書《か》いてみよう。

うれしい

ほかの言葉《ことば》だと…？
ハッピー・ゆかいだ・気分《きぶん》がいい…など

ほかにもあるかな？

悲《かな》しい

ほかの言葉《ことば》だと…？
心《こころ》がいたい・せつない・むねがしめつけられる…など

ほかにもあるかな？

こたえの例《れい》：うれしい…幸《しあわ》せ、楽《たの》しい、ごきげん、など　悲《かな》しい…つらい、苦《くる》しい、不幸《ふしあわ》せ、など

「語《ご》い」がふえると、もっと伝《つた》わる！

語《ご》いが少《すく》ないと…

今日《きょう》食《た》べたパンケーキは、
やばかった。
とにかくすごくおいしかった。

どんなふうにおいしかったのかわかりづらいね

語《ご》いがふえると…

今日《きょう》食《た》べたパンケーキには、
フルーツがたっぷり乗《の》っていた。
ふわふわの生地《きじ》に
シロップがじゅわっとしみて、
今《いま》までで一番《いちばん》おいしかった。

パンケーキの見《み》た目《め》や味《あじ》、感《かん》じたことがよくわかるね

上《うえ》の2つの文章《ぶんしょう》をくらべると、左《ひだり》の文章《ぶんしょう》のほうがいろいろな言葉《ことば》を使《つか》っておいしさを表《ひょう》げんしているよね。だから、読《よ》む人《ひと》は「おいしそう！」と想像力《そうぞうりょく》がふくらむんだ。このように、語《ご》いがふえるとそのときの様子《ようす》やきもちが、もっと表《ひょう》げんできるようになるよ。

「語《ご》い」をふやすには？

語《ご》いのふやし方《かた》はかんたん！
たくさんの言葉《ことば》にふれること。
身《み》のまわりにある言葉《ことば》を
気《き》にしてみることから始《はじ》めよう！

本《ほん》や新聞《しんぶん》を読《よ》む

本《ほん》や新聞《しんぶん》は、たくさんの言葉《ことば》に出合《であ》えるところ。気《き》になる言葉《ことば》があったらメモしてもいいね。

えい画《が》やドラマを見《み》る

えい画《が》やドラマなどおしばいの中《なか》で、心《こころ》に残《のこ》るセリフがきっとあるはずだよ。

**テレビを見《み》たり
ラジオを聞《き》いたり**

初《はじ》めて見聞《みき》きする言葉《ことば》もあるよね。そんな言《こと》葉《ば》を見《み》つけたら調《しら》べてみるのも楽《たの》しいよ。

こまめに辞書《じしょ》を引《ひ》く

辞書《じしょ》は言葉《ことば》のたから箱《ばこ》。わからない言葉《ことば》は辞書《じしょ》で引《ひ》くくせをつけるだけでも、語《ご》いはぐんとふえるよ。

いろいろな人《ひと》と話《はな》す

おうちの人《ひと》、学校《がっこう》の先生《せんせい》、お友《とも》だち…人《ひと》それぞれ語《ご》いがちがうから、話《はなし》をするだけでもたくさんの言葉《ことば》に出合《であ》えるよ。

「五《ご》感《かん》」を使《つか》って書《か》こう！

目《め》、耳《みみ》、鼻《はな》、した、皮《ひ》ふで感《かん》じる5つの感覚《かんかく》を「五《ご》感《かん》」というよ。
次《つぎ》の❶～❺は、どの感覚《かんかく》かな？
左《ひだり》のページを見《み》て当《あ》てはまった感覚《かんかく》を選《えら》ぼう。

左《ひだり》ページのA～Eから選《えら》ぼう！

❶ ねこのしっぽは ふわふわ していた □

❷ リーンリーンと すずむしの鳴《な》く 声《こえ》がする □

❸ ケーキ屋《や》さんの 中《なか》は あまい香《かお》りが ただよっている □

❹ ピーマンは にがくて きらい □

❺ 真《ま》っ赤《か》な もみじが 散《ち》っている □

こたえ：❶…E、❷…C、❸…B、❹…D、❺…A

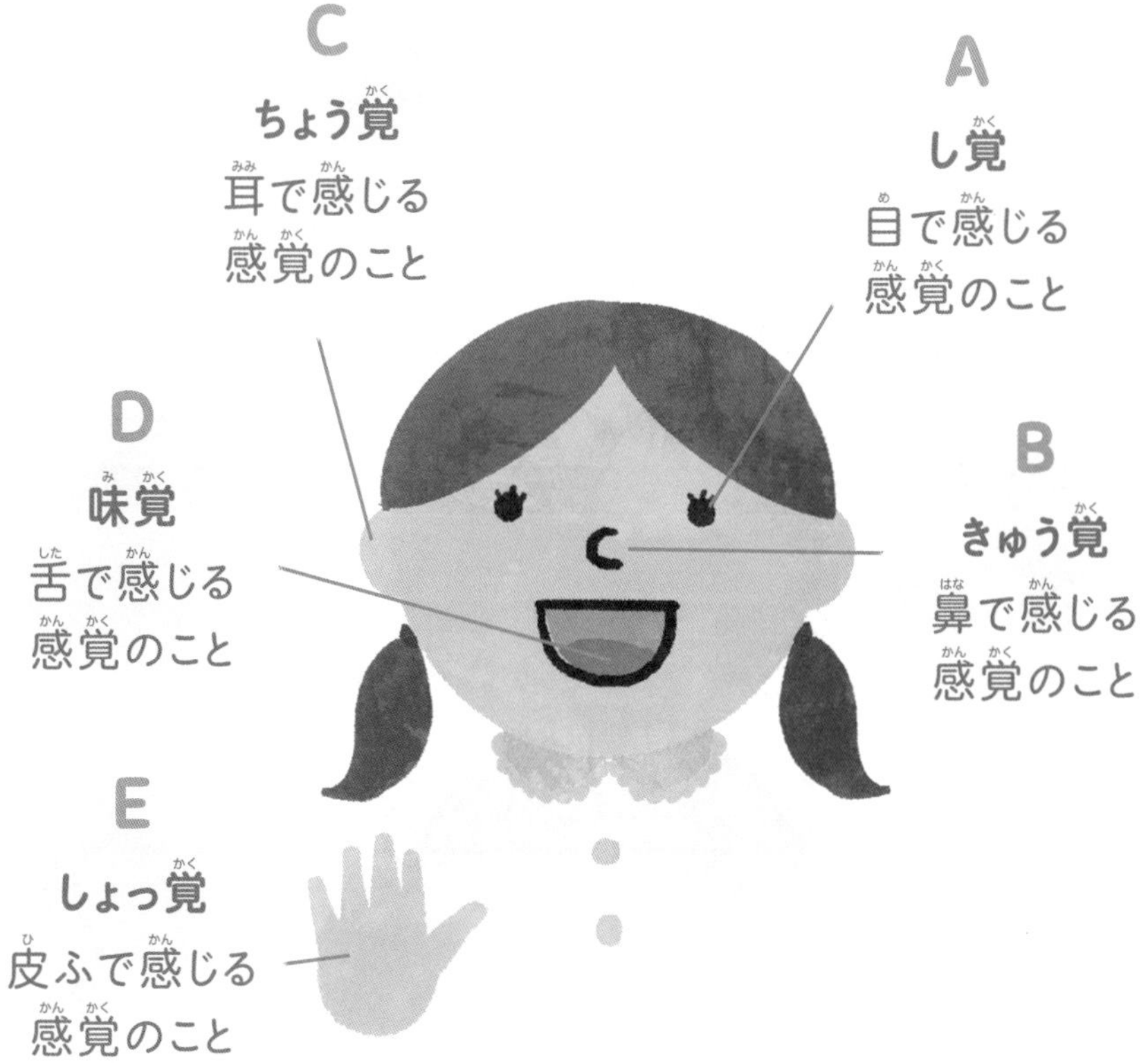
A
し覚《かく》
目《め》で感《かん》じる
感《かん》覚《かく》のこと
B
きゅう覚《かく》
鼻《はな》で感《かん》じる
感《かん》覚《かく》のこと
C
ちょう覚《かく》
耳《みみ》で感《かん》じる
感《かん》覚《かく》のこと
D
味《み》覚《かく》
舌《した》で感《かん》じる
感《かん》覚《かく》のこと
E
しょっ覚《かく》
皮《ひ》ふで感《かん》じる
感《かん》覚《かく》のこと

五感《ごかん》を使《つか》えば、もっと自分《じぶん》らしい文章《ぶんしょう》に！

見《み》て、聞《き》いて、さわって、かいで、味《あじ》わった感覚《かんかく》を文章《ぶんしょう》に入《い》れると、読《よ》む人《ひと》がイメージしやすいから、伝《つた》えたいことがはっきり伝《つた》わるよ。五感《ごかん》で感《かん》じたことは、自分《じぶん》だけのもの。だから、五感《ごかん》で感《かん》じ取《と》ったことを書《か》くだけで、自分《じぶん》らしい文章《ぶんしょう》をつくることができるんだ。

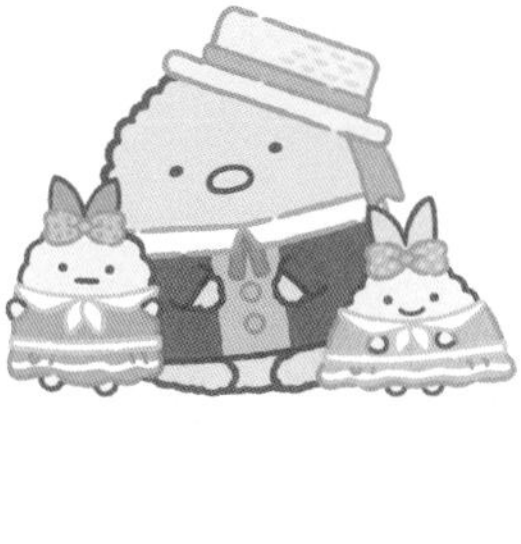

五《ご》感《かん》をとぎすまそう

今日《きょう》見《み》たこと、出合《であ》ったものを五感《ごかん》で表《ひょう》げんしてみよう。五感《ごかん》を意《い》しきすると、ふだん気《き》づかなかったことにも気《き》づけるよ。

やさしそうな目《め》をした歯医者《はいしゃ》さんだった

キーンという音《おと》がこわかった

消《しょう》どく薬《やく》のようなにおいがした

いたみ止《ど》めの薬《くすり》が苦《にが》かった

口《くち》の中《なか》に入《い》れられた器具《きぐ》が冷《つめ》たかった

五感《ごかん》をみがく

五感《ごかん》クイズをつくろう！

五感《ごかん》で説明《せつめい》して、それが何《なに》かを当《あ》てるクイズだよ。
おうちの人《ひと》やお友《とも》だちどうしで、問題《もんだい》を出《だ》し合《あ》ってみよう。

これってなあに？ 五感《ごかん》クイズシート

緑《みどり》色《いろ》で長《なが》細《ほそ》い形《かたち》。

そのまま食《た》べると
ボリボリという音《おと》がする。

草《くさ》のようなにおい。

みずみずしくてさっぱり。

皮《かわ》は少《すこ》しちくちくする。

こたえは… きゅうり

 P.140の「これってなあに？ 五感《ごかん》クイズシート」をコピーして使《つか》おう！

「5W1H」で文章《ぶんしょう》を具《ぐ》体《たい》的《てき》にしよう

「いつ・どこで・だれが・何《なに》を・なぜ・どのように」。この6つを「5W1H」というよ。これらを入《い》れると、文章《ぶんしょう》がはっきりとしてわかりやすくなるんだ。

ねこがいた。

いつ
(When)
放課後《ほうかご》

どこで
(Where)
家《いえ》の前《まえ》

だれが
(Who)
弟《おとうと》

なぜ
(Why)
好《す》きだから

何《なに》を
(What)
ねこ

どのように
(How)
やさしく
なでていた

完成《かんせい》！

放課後《ほうかご》、家《いえ》の前《まえ》にねこがいた。
弟《おとうと》はねこが好《す》きなので、やさしくなでていた。

5W1Hでもっと伝わる！

5W1Hを意《い》しきして文章《ぶんしょう》をつくると、はっきりと場面《ばめん》が伝《つた》わるよ。作《さく》文《ぶん》では特《とく》にはじめのほうに書《か》いておくのがポイント。読《よ》む人《ひと》が様子《ようす》を想像《そうぞう》しやすくなるんだ。

「5W1H」でおもしろ文《ぶん》をつくってみよう！

5W1Hそれぞれのこう目《もく》を書《か》いたカードを組《く》み合《あ》わせて、自由《じゆう》に文章《ぶんしょう》をつくろう。カードをもっとふやしても楽《たの》しいよ！

いつ（When）

明日《あした》

今朝《けさ》

ねる前《まえ》

どこで（Where）

宇宙《うちゅう》

おふろ

教室《きょうしつ》

だれが（Who）

さる

おじいちゃん

先生《せんせい》

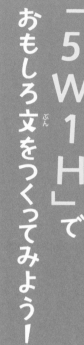

なぜ（Why）

あついから

こわいから

がまんできないから

どのように（How）

かれいに

軽々《かるがる》と

むすっと

何《なに》を（What）

引《ひ》っ越《こ》し

バク転《てん》

ダンス

どんな文《ぶん》ができた？

ねる前《まえ》 に 宇宙《うちゅう》 で さる が あついから むすっと バク転《てん》 した。

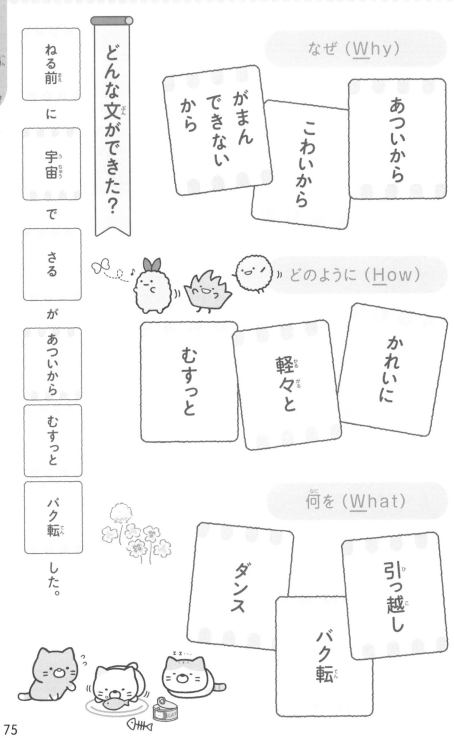

「一文《いちぶん》は短《みじか》く」が大事《だいじ》！

1つの文章《ぶんしょう》が長《なが》くなったときは、どこで
切《き》れるかを考《かんが》えて。次《つぎ》の長《なが》い一文《いちぶん》を使《つか》って、
区切《くぎ》る練習《れんしゅう》をしよう！

ぼくは星《ほし》を見《み》るのが好《す》きで、
昨日《きのう》も星《ほし》を見《み》ていたら、
きらっと光《ひか》るものが通《とお》ったので、
何《なん》だろうと
思《おも》っているうちに
消《き》えてしまったけれど、
あれはUFOだった
かもしれない。

内《ない》ようごとに区切《くぎ》ってみよう

いくつに分《わ》けられたかな？

1 ぼくは星《ほし》を見《み》るのが好《す》きだ。

2 きのうも星《ほし》を見《み》ていた。

3 すると、きらっと光《ひか》るものが通《とお》った。

4 なんだろうと思《おも》っているうちに消《き》えた。

5 あれはUFOだったかもしれない。

← 5つに分《わ》けられたね！

短《みじか》い文《ぶん》は言《い》いたいことが伝《つた》わりやすい！

1つの文《ぶん》には、1つの内《ない》ようがわかりやすいよ。いくつかの内《ない》ようが1つの文《ぶん》につめこまれていて長《なが》くなると、読《よ》んでいる人《ひと》が「いったい何《なに》が言《い》いたいのかな？」とわからなくなっちゃうんだ。短《みじか》い文《ぶん》でスパッと終《お》わるほうが、読《よ》みやすくて伝《つた》わりやすいよ。

テーマをしぼろう

伝《つた》えたいテーマから外《はず》れてしまった文章《ぶんしょう》がまぎれているよ。文章《ぶんしょう》をつなげながら、関係《かんけい》のない文章《ぶんしょう》を見《み》つけてみよう！

伝《つた》えたいテーマ

わたしはむぎが大好《だいす》きです。

タイトル

わが家《や》のペット

1 きょうだいのように思《おも》っています。

2 犬《いぬ》のほかにねこも好《す》きです。

3 パパは昔《むかし》かめをかっていました。

4 名前《なまえ》はむぎといいます。

5 わたしの家《いえ》にはしば犬《いぬ》がいます。

めずらしいコたちのグループ

どんな文章《ぶんしょう》ができた？

5 わたしの家《いえ》にはしば犬《いぬ》がいます。

4 名前《なまえ》はむぎといいます。

1 きょうだいのように思《おも》っています。

わたしはむぎが大好《だいす》きです。

2 犬《いぬ》のほかにねこも好《す》きです。

3 パパは昔《むかし》かめをかっていました。

一番《いちばん》伝《つた》えたいことにしぼろう

文章《ぶんしょう》を書《か》いていると、いつの間《ま》にか話《はなし》がずれてしまうことがあるよ。だから、必《かなら》ず読《よ》み直《なお》して、テーマから外《はず》れた内《ない》ようが入《はい》っていたら思《おも》いきって省《はぶ》こう。読《よ》む人《ひと》にきもちが伝《つた》わりやすくなるよ。

文《ぶん》章《しょう》を整《ととの》えよう

漢字《かんじ》が正《ただ》しく使《つか》われている文章《ぶんしょう》や、段落《だんらく》がきれいに整《ととの》えられている文章《ぶんしょう》は、最後《さいご》までできもちよく読《よ》めるよね。

文章《ぶんしょう》をきれいに整《ととの》えることは、読《よ》む人《ひと》への思《おも》いやりでもあるよ。

そして、自分《じぶん》のきもちを正《ただ》しく伝《つた》えることにもつながるんだ。

だから、書《か》き終《お》わった後《あと》に必《かなら》ず見直《みなお》して文章《ぶんしょう》をきちんと整《ととの》えよう！

整《ととの》っていない文章《ぶんしょう》だと…

漢字《かんじ》のまちがいが
気《き》になって
読《よ》み進《すす》められない…

場所《ばしょ》や時間《じかん》など
話《はなし》の流《なが》れが
変《か》わったことが
わかりにくい…

言葉《ことば》づかいが
ばらばらで
読《よ》む人《ひと》が
もやもやする…

「、」や「。」がないと
読《よ》むリズムが
つかめない…

↓

文章《ぶんしょう》を整《ととの》えると…

正《ただ》しい漢字《かんじ》が
使《つか》われているので
どんどん読《よ》み
進《すす》められる！

段落《だんらく》に
分《わ》かれているので、
話《はなし》の流《なが》れが
よくわかる！

読《よ》む人《ひと》に
合《あ》った言葉《ことば》づかいで
きもちよく読《よ》める！

文章《ぶんしょう》が
「、」や「。」で
区切《くぎ》られているので
リズムよく読《よ》める！

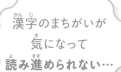

言葉《ことば》を上手《じょうず》につなげよう

「何《なに》が」「何《なに》は」を表《あらわ》す主語《しゅご》、「どうする」「どんなだ」「何《なん》だ」を表《あらわ》すじゅつ語《ご》。この2つをきちんとつなぐと、伝《つた》わりやすい文《ぶん》になるよ。次《つぎ》の文《ぶん》の❶、❷をうめる言葉《ことば》をA～Fから選《えら》んでみよう！

わたしの目標《もくひょう》は、さか上《あ》がりをしたいです。

←

わたしの目標《もくひょう》は、さか上《あ》がりを［❶］です。

わたしは夕方《ゆうがた》ににじをきれいでした。

←

わたしは夕方《ゆうがた》に［❷］にじを見《み》ました。

A　すること　B　したこと　C　やる
D　きれいに　E　きれいで　F　きれいな

こたえ：❶…A、❷…F

「主語《しゅご》」と「じゅつ語《ご》」を上手《じょうず》につなごう

主語《しゅご》

「何《なに》が」や「何《なに》は」を表《あらわ》す言葉《ことば》

ぴったり！

ぼくは

ワクワクした

←

ぼくは

＋

ワクワクした

じゅつ語《ご》

「どうする」や「どんなだ」「何《なん》だ」

を表《あらわ》す言葉《ことば》

主語《しゅご》とじゅつ語《ご》はおわんのような関係《かんけい》！

ぴったり合《あ》わさると、文《ぶん》になるんだ。

何《なん》だか

おかしい？

ぼくは

遊園地《ゆうえんち》で友《とも》だちと

ジェットコースターが

スリル満点《まんてん》で

ワクワクした

←

ぼくは

遊園地《ゆうえんち》で友《とも》だちと

ジェットコースターが

スリル満点《まんてん》で

ワクワクした

主語《しゅご》とじゅつ語《ご》の間《あいだ》に入《はい》る言葉《ことば》が長《なが》くなると、ぴったりなじゅつ語《ご》を見《み》つけにくくなるよ。文《ぶん》は短《みじか》めにするのがおすすめ！

「文《ぶん》体《たい》」をそろえよう

右《みぎ》のカードの文《ぶん》章《しょう》とつながるのは左《ひだり》のどのカードかな？　線《せん》でつないでみよう。文《ぶん》の終《お》わりの言《こと》葉《ば》づかい「文《ぶん》体《たい》」に注《ちゅう》目《もく》してね！

①
日《にち》曜《よう》日《び》は、いよいよサッカーの試《し》合《あい》だ。

②
もうすぐ、ピアノの発《はっ》表《ぴょう》会《かい》があります。

③
明日《あした》は、算《さん》数《すう》のテストがあるよ。

A
不《ふ》安《あん》もあるけど、せいいっぱいがんばるね！

B
きんちょうするけど、いつも通《どお》り、楽《たの》しみたいです。

C
これまでの練《れん》習《しゅう》の成《せい》果《か》を見《み》せるつもりだ。

こたえ：①…C、②…B、③…A

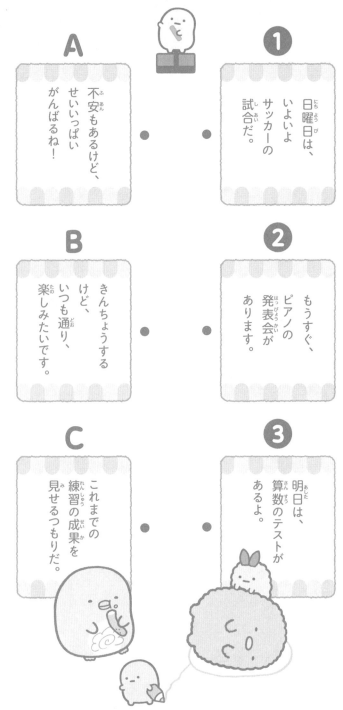

「文体《ぶんたい》」って、どんなもの？

文体《ぶんたい》とは、文章《ぶんしょう》のスタイルのこと。特《とく》に文《ぶん》の終《お》わりにどんな言葉《ことば》を使《つか》うかで、その文章《ぶんしょう》の印象《いんしょう》が変《か》わるんだ。

「～です」「～ます」

ていねいで、やさしい印象《いんしょう》になるよ。作文《さくぶん》や目上《めうえ》の人《ひと》への手紙《てがみ》にぴったり。

「～である」「～だ」

力強《ちからづよ》く、はっきりした印象《いんしょう》。自分《じぶん》の意見《いけん》をはっきり伝《つた》えたいときや説明文《せつめいぶん》に使《つか》ってみよう。

「～だよ」「～ね」

親《した》しみやすい印象《いんしょう》になるから、お友《とも》だちや家族《かぞく》への手紙《てがみ》やメッセージなどにおすすめだよ。

書《か》くものや読《よ》む相手《あいて》に合《あ》った文体《ぶんたい》を選《えら》ぼう

ひとつの作文《さくぶん》の中《なか》に、いろいろな文体《ぶんたい》があると、ちぐはぐな感《かん》じになってしまうよ。だから、はじめからおわりまで同《おな》じ文体《ぶんたい》にすることが大事《だいじ》。どの文体《ぶんたい》にするかは、書《か》くものや読《よ》む人《ひと》に合《あ》わせよう。例《たと》えば同《おな》じ手紙《てがみ》でも、先生《せんせい》に読《よ》んでもらうときは「～です」「～ます」、お友《とも》だちの場合《ばあい》は「～だよ」「～ね」にするなど、使《つか》い分《わ》けられたら完《かん》ぺき！

「、」と「。」で、もっと読《よ》みやすく！

読《よ》みやすくするために、どこで「、」や「。」を入《い》れるといいかな？　入《い》れたほうがいいと思《おも》うところをA〜Iから選《えら》ぼう。

今日《きょう》は〈A、〉新《あたら》しいくつを買《か》って〈B、〉もらいまし
た〈C。〉色《いろ》はピンクで白《しろ》い〈D、〉ラインが入《はい》ってい
て〈E、〉とてもかわいいです〈F。〉明日《あした》から学校《がっこう》に
はいて〈G、〉いくのが〈H、〉楽《たの》しみです〈I。〉

こたえ：A、C、E、F、H、I

読点《とうてん》「、」と句点《くてん》「。」には、文《ぶん》を区切《くぎ》る役《やく》わりがあるよ。

読点《とうてん》 意味《いみ》の区切《くぎ》りにつけるよ。

ねこは、かわいい。

句点《くてん》 文《ぶん》のおわりにつけるよ。

ここに注意《ちゅうい》！

読点《とうてん》をつける位置《いち》によって、文《ぶん》の意味《いみ》が変《か》わることがあるよ。

A 兄《あに》はあわてて、走《はし》った犬《いぬ》をつかまえた。

B 兄《あに》は、あわてて走《はし》った犬《いぬ》をつかまえた。

読《よ》みやすいところで記号《きごう》を入《い》れよう

「、」や「。」は文章《ぶんしょう》を書《か》くときに、とても大事《だいじ》な記号《きごう》。長《なが》い文章《ぶん》を声《こえ》に出《だ》して読《よ》むときも「、」や「。」があると、そこで息《いき》つぎをしながらリズムよく読《よ》むことができるよ。「、」をどこに入《い》れればいいかまよったときは、声《こえ》に出《だ》して読《よ》んだときに、読《よ》みやすくなるところに入《い》れよう。

段《だん》落《らく》分《わ》けをしよう

同《おな》じ内《ない》ようのまとまりを「段《だん》落《らく》」、段《だん》落《らく》の区《く》切《ぎ》りをつけることを「段《だん》落《らく》分《わ》け」というよ。段《だん》落《らく》分《わ》けをすると、作《さく》文《ぶん》がぐんと読《よ》みやすくなるよ。

段《だん》落《らく》の分《わ》け方《かた》

分《わ》ける場《ば》所《しょ》

・場《ば》所《しょ》が変《か》わったとき
・日《ひ》付《づけ》など時《じ》間《かん》が変《か》わったとき
・内《ない》ようが変《か》わったとき

分《わ》け方《かた》

行《ぎょう》を変《か》えて、書《か》き始《はじ》めを一《いち》字《じ》下《さ》げるよ。

　ぼくは水《すい》族《ぞく》館《かん》に行《い》きました。初《はじ》めに、熱《ねっ》帯《たい》魚《ぎょ》を見《み》ました。とてもきれいでした。次《つぎ》に、ペンギンのえさやり体《たい》験《けん》に参《さん》加《か》しました。ペンギンたちが、自《じ》分《ぶん》の手《て》から直《ちょく》せつえさを食《た》べたのが、とてもおもしろかったです。最《さい》後《ご》はサメの水《すい》そうです。間《ま》近《ぢか》で見《み》るとはく力《りょく》満《まん》点《てん》でした。

ぼくは水族館《すいぞくかん》に行《い》きました。初《はじ》めに、熱帯魚《ねったいぎょ》を見《み》ました。とてもきれいでした。

次《つぎ》に、ペンギンのえさやり体験《たいけん》に参加《さんか》しました。ペンギンたちが、自分《じぶん》の手《て》から直《ちょく》せつえさを食《た》べたのが、とてもおもしろかったです。

最後《さいご》はサメの水《すい》そうです。間近《まぢか》で見《み》るとはく力《りょく》満点《まんてん》でした。

ぐっと読《よ》みやすくなったね！

ここに注意《ちゅうい》！

分《わ》けすぎても読《よ》みにくい！

段落《だんらく》を細《こま》かく分《わ》けすぎると、内容《ないよう》がとぎれとぎれになって、読《よ》みにくくなることもあるよ。

はじめ、なか、おわりを気《き》をつけて

段落分《だんらくわ》けをするときは、はじめ、なか、おわりを意《い》しきしよう。なかは、全体《ぜんたい》の半分《はんぶん》くらい。残《のこ》りは、はじめとおわりで分《わ》け合《あ》うくらいがちょうどいいよ。

おかしな言《こと》葉《ば》に注《ちゅう》意《い》！

次《つぎ》の①～③の作《さく》文《ぶん》には、それぞれおかしいところが2つあるよ。ヒントを読《よ》んで、さがしてみよう！

①

お友《とも》だちがお祭《まつ》りに来《こ》れて、うれしかったです。楽《たの》しみにしていた花《はな》火《び》が、いっしょに見《み》れたのはとてもいい思《おも》い出《で》です。

ここに注《ちゅう》意《い》　**「ら」ぬき言《こと》葉《ば》**

ヒント：できることを意《い》味《み》する「られる」の「ら」は、文《ぶん》章《しょう》ではぬかないのがふつうだよ。

②

えっと、昨日《きのう》の国《こく》語《ご》のテストは、難《むずか》しかったかなあ。まあ、次《つぎ》のテストではがんばります。

ここに注《ちゅう》意《い》　**話《はな》し言《こと》葉《ば》**

ヒント：話《はな》し言《こと》葉《ば》をそのまま文《ぶん》章《しょう》にすると読《よ》みにくくなるよ。

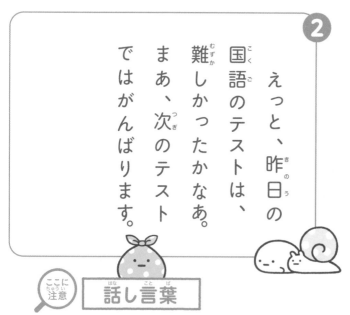

③

今日《きょう》、わたしはかみを短《みじ》かく切《き》った後《あと》、家《いえ》に帰《かえ》りました。母《はは》と話《はな》て、明日《あした》はぼうしを買《か》いに行《い》くことになりました。

ここに注意《ちゅうい》　**送《おく》りがな**

ヒント：送《おく》りがな（漢字《かんじ》の後《あと》にふる文字《もじ》）は正《ただ》しいかな？

作文《さくぶん》にふさわしい言葉《ことば》づかいをしよう

作文《さくぶん》で使《つか》うのは「書《か》き言葉《ことば》」。人《ひと》が読《よ》んだときに、わかりやすい言葉《ことば》なんだ。ふだんの会話《かいわ》に使《つか》っている「話《はな》し言葉《ことば》」と、使《つか》い分《わ》けられるといいね。

こたえ：❶…「来《こ》れて」→「来《こ》られて」、「見《み》れた」→「見《み》られた」　❷…「ずっと」「まあ」→どちらも使《つか》わない　❸…「短《みじか》かく」→「短《みじか》く」、「話《はな》て」→「話《はな》して」

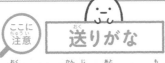

最後《さいご》まで書《か》くことが上達《じょうたつ》への道《みち》！

作文《さくぶん》を書《か》く手《て》が止《と》まってしまう理由《りゆう》をチェック。自分《じぶん》がどのポイントでつまずいているかかくにんしてみよう！

チェックポイント1
作文《さくぶん》で一番《いちばん》伝《つた》えたいことは決《き》まっているかな？
チェックポイント2
はじめのほうに様子《ようす》やきもちが伝《つた》わる具体的《ぐたいてき》な言葉《ことば》が書《か》けているかな？

チェックポイント5
最後《さいご》に
文章《ぶんしょう》を書《か》き終《お》えたら
「音読《おんどく》」して
全体《ぜんたい》をチェック！
チェックポイント4
終《お》わりには、
一番《いちばん》伝《つた》えたいことを
書《か》いているかな？
チェックポイント3
1つ1つの
文章《ぶんしょう》を短《みじか》めに
書《か》けているかな？

と中《ちゅう》で あきらめちゃうのは、もったいない！

最後《さいご》まで書《か》き終《お》えることで、文《ぶん》章《しょう》を書《か》く力《ちから》は大《おお》きくのびるよ。最後《さいご》まで書《か》けたことは、自分《じぶん》の自信《じしん》につながって「もっと書《か》いてみたい」という、やる気《き》もわいてくるんだ。と中《ちゅう》まで書《か》いてあきらめちゃうのはもったいない。ゴールを目指《めざ》してがんばろう！

とんかつ王誕生のきっかけ

① むかし、とんかつと一緒にスーパーで売れのこっていた、もう一方のとんかつ。

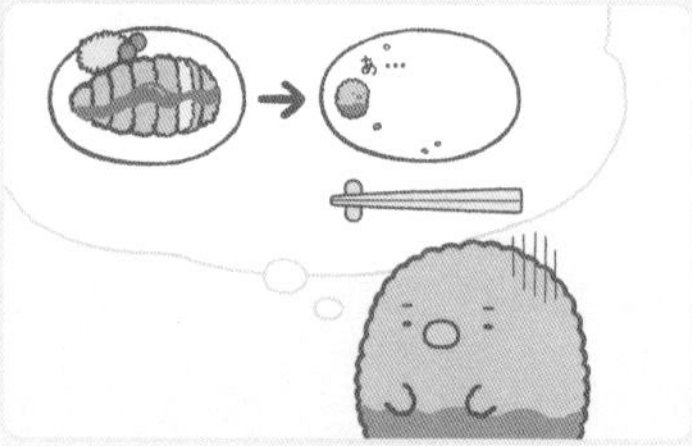

② そのとんかつも、はじっこがたべのこされたのでした。

③ ある日、あぶらの中で光るころもを発見!あたまにのせてみたら…

④ いつのまにか「たべもの王国」の王さまになっていました。

SUMIKKOGURASHI™

〜ようこそ! たべものおうこく〜

ある日、馬車がとんかつをむかえにやってきました。
たどり着いたのは、のこりものがあつまる「たべもの王国」!
でも、これからもすみっこでくらしたいと決めたとんかつは
いつものすみっこへかえりました。

読《よ》んでいると心《こころ》が温《あたた》まったり、空想《くうそう》の世界《せかい》へ連《つ》れて行《い》ってくれたり。
文章《ぶんしょう》には、すごい力《ちから》があるよね。
いろいろな表《ひょう》げんや言葉《ことば》を手《て》に入《い》れて、
あなたが思《おも》ったことや考《かんが》えをどんどんみんなに伝《つた》えよう♡

第《だい》3章《しょう》

ちょう戦編《せんへん》

いろいろな文章《ぶんしょう》を書《か》いてみよう！

日記《にっき》や作文《さくぶん》、自由研究《じゆうけんきゅう》など
文章《ぶんしょう》を書《か》く機会《きかい》はたくさん！
それぞれポイントがあるから知《し》っておこう。
これで、どんな時《とき》も文章《ぶんしょう》を書《か》くのが
楽《たの》しくなるよ♡

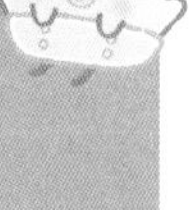

1

ちょう戦編《せんへん》

読《どく》書《しょ》感《かん》想《そう》文《ぶん》の書《か》き方《かた》って？

本《ほん》を読《よ》むと、いろいろなきもちが生《う》まれてくるね。
初《はじ》めて知《し》る世《せ》界《かい》にワクワクしたり、
心《こころ》がじんわりと温《あたた》かくなったり、ときには、
なみだを流《なが》したりすることもあるんじゃないかな。
そのきもちを、文《ぶん》章《しょう》にするのが読《どく》書《しょ》感《かん》想《そう》文《ぶん》。
本《ほん》を読《よ》んで感《かん》じたことを、
全《ぜん》部《ぶ》覚《おぼ》えていることはできないけれど、
文《ぶん》章《しょう》にすれば、まるでタイムカプセルのように、
そのときのキラキラしたきもちを残《のこ》しておけるね。

読《どく》書《しょ》感《かん》想《そう》文《ぶん》を書《か》くといいこといろいろ♡

感《かん》動《どう》をみんなに伝《つた》えられる！

作《さく》者《しゃ》がどう感《かん》じたかを想《そう》像《ぞう》できる！

感《かん》じたことを後《あと》からふり返《かえ》れる！

自《じ》分《ぶん》の感《かん》じ方《かた》や考《かんが》え方《かた》を知《し》ることで自《じ》分《ぶん》らしさが見《み》えてくる！

どんな本《ほん》を選《えら》ぶといい？

自分《じぶん》に当《あ》てはまるものを選《えら》んで、チェックしよう！
あなたにぴったりの本《ほん》がわかるよ。

- [ ] 宇《う》宙《ちゅう》人《じん》はいると思《おも》う
- [ ] ぼーっと空《くう》想《そう》していることが多《おお》い
- [ ] よくゆめを見《み》る

- [ ] れきし上《じょう》の人《じん》物《ぶつ》にきょうみがある
- [ ] なやみごとは年《とし》上《うえ》の人《ひと》に相《そう》談《だん》する
- [ ] 未《み》来《らい》よりか去《こ》が気《き》になる

- [ ] 美《び》じゅつ館《かん》に行《い》くのが好《す》き
- [ ] おとぎ話《ばなし》をたくさん知《し》っている
- [ ] ぶあつい本《ほん》はちょっと苦《にが》手《て》

- [ ] 理《り》科《か》のじゅ業《ぎょう》が好《す》き
- [ ] 「なぜ」「どうして」と考《かんが》えることが多《おお》い
- [ ] 気《き》になることはすぐ調《しら》べる

どの色《いろ》にチェックが多《おお》かったかな?

伝記《でんき》がおすすめ!

何《なに》ごとも深《ふか》く考《かんが》えるあなた。こまったときはれきし上《じょう》の人物《じんぶつ》から、ヒントをもらえるかも!

物語《ものがたり》がおすすめ!

想像力《そうぞうりょく》ゆたかなあなた。物語《ものがたり》の世界《せかい》を、じっくりと味《あじ》わってみよう!

科学系読《かがくけいよ》みものがおすすめ!

好《こう》き心《しん》おうせいなあなたは科学系《かがくけい》の読《よ》みものを読《よ》んでみて。新《あたら》しい発見《はっけん》が生《う》まれそうだよ!

絵本《えほん》がおすすめ!

センスがとぎすまされたあなた。絵《え》とお話《はなし》をいっしょに楽《たの》しめる絵本《えほん》を読《よ》んでみよう。

あなたが「読《よ》みたい」と思《おも》う本《ほん》を選《えら》ぼう!

「読《どく》書《しょ》感《かん》想《そう》文《ぶん》を書《か》くなら、きちんとした本《ほん》じゃなきゃ!」なんて、思《おも》っていないかな? 大《たい》切《せつ》なのは、あなたが「読《よ》みたい」と感《かん》じる本《ほん》を選《えら》ぶこと。だから、図《ず》かんやマンガだっていいんだよ。最《さい》後《ご》まで、無《む》理《り》なく読《よ》める本《ほん》をさがしてみてね。

読《どく》書《しょ》感《かん》想《そう》文《ぶん》を書《か》いてみよう！

読《どく》書《しょ》感《かん》想《そう》文《ぶん》を上《じょう》手《ず》に書《か》くにはどんなことを気《き》にしたらよいかな？　AとB、どちらがいいか選《えら》んでみよう！

1 読《よ》む本《ほん》は

A 学《がっ》校《こう》の図《と》書《しょ》室《しつ》にある本《ほん》

B 好《す》きな本《ほん》

を選《えら》ぶ

2 読《よ》むときは

A メモやふせんを用《よう》意《い》する

B 読《よ》むことに集《しゅう》中《ちゅう》！

98〜99ページでしょうかいしたように、あなたが気《き》になる本《ほん》を選《えら》ぼう。

気《き》になった部《ぶ》分《ぶん》をメモ！

「おもしろいな」「不《ふ》思《し》議《ぎ》だな」と感《かん》じたところをチェックしておくと、後《あと》でまとめやすいよ。

❸ 読《よ》み終《お》わったら

A わすれないようにすぐ

B 書《か》きたいことを整理《せいり》して

書《か》き始《はじ》める

❹ 内容《ないよう》は

A あらすじをたくさん

B 読《よ》んだきっかけや感《かん》じたことを中心《ちゅうしん》に

書《か》く

❺ 本《ほん》の意見《いけん》には

A さん成《せい》しないといけない

B 反対《はんたい》の意見《いけん》も書《か》いていい

整理《せいり》してから書《か》くとスムーズ

メモをもとに、何《なに》をどの順番《じゅんばん》で書《か》くか整理《せいり》しよう。

自分《じぶん》らしさを伝《つた》えよう

あなたの体《たい》けんや感《かん》じたことなど、ほかの人《ひと》とちがう部分《ぶぶん》を中心《ちゅうしん》に書《か》くと、自分《じぶん》らしい感想文《かんそうぶん》になるよ。

すなおに書《か》こう

本《ほん》を読《よ》んで感《かん》じたきもちは、あなただけのもの。自信《じしん》をもって自分《じぶん》の意見《いけん》を書《か》こう。

こたえ：❶…B（図書室《としょしつ》に好《す》きな本《ほん》があったらそれでもOKだよ）、❷…A（集中《しゅうちゅう》して読《よ》んで、その後《あと》に改《あらた》めてチェックしてもいいね）、❸…B、❹…B、❺…B

こんなふうに書《か》いてみよう！

伝《つた》えられなかったひとこと

三年《さんねん》三組《さんくみ》　本戸《ほんと》　しおり

わたしは、少《すこ》しがんこです。そのせいで、お友《とも》だちとぎくしゃくするときがあります。そんななやみを打《う》ち明《あ》けたら、先生《せんせい》が「ごんぎつね」をすすめてくれました。

　ごんぎつねは、いたずら好《ず》きのきつねのごんと、村人《むらびと》の兵十《ひょうじゅう》のお話《はなし》です。ごんは兵《ひょう》十《じゅう》のおっ母《かあ》の死《し》をきっかけに心《こころ》を入《い》れかえますが、兵十《ひょうじゅう》にはとどきませんでした。

　もし、ごんが言葉《ことば》を話《はな》せていたら、兵十《ひょうじゅう》はごんをうたずにすんだかもしれません。ただひとこと、「ごめんね」と、言《い》えたらよかったのにと、思《おも》いました。

ぐっと引《ひ》きこむタイトルをつけよう

52～55ページを読《よ》んで、み力的《りょくてき》なタイトルにしよう。

読《よ》んだきっかけやあらすじ

あらすじは短《みじか》くまとめるのがコツ。2、3行《ぎょう》を目安《めやす》にしよう。

心《こころ》に残《のこ》った場面《ばめん》や感《かん》じたこと

感想文《かんそうぶん》の中心《ちゅうしん》となる部分《ぶぶん》。心《こころ》が動《うご》いた場面《ばめん》とその理由《りゆう》を書《か》こう。「自分《じぶん》だったらこうした」「にたようなことがあった」というエピソードも書《か》いてみよう。

そこで、はっと気《き》づきました。わたしもごんと同《おな》じだったのです。じつはこのあいだ、お友《とも》だちとけんかをしたとき、うまくあやまれませんでした。「ごめんね」と言《い》えばいいだけなのに、はずかしくてくやしくて、できないのです。でも、心《こころ》の中《なか》では「なか直《なお》りしたい」「さみしい」というきもちでいっぱいでした。

きっとごんも本当《ほんとう》は、「ごめんね」と言《い》いたかったのだと思《おも》います。だから、これからは、悪《わる》いことをしたと思《おも》ったら、すぐにあやまれるようになりたいです。わたしはごんとちがって、言葉《ことば》を話《はな》せるのですから。

まとめ

本《ほん》を読《よ》んだ後《あと》で、どんなふうにきもちが変《か》わったか、どんなことを学《まな》んだか、生活《せいかつ》にどう生《い》かしたいかなどを書《か》いて、しめくくろう。

原稿用紙《げんこうようし》の使《つか》い方《かた》のお約束《やくそく》は、P.142～P.143を見《み》てね。

自分《じぶん》を深《ふか》く知《し》る きっかけに

登場人物《とうじょうじんぶつ》のきもちを考《かんが》えたり、自分《じぶん》とくらべたりすることは、あなた自身《じしん》を見《み》つめ直《なお》すきっかけになるよ。内《ない》ようをふり返《かえ》りながら感想《かんそう》を書《か》くことで、その本《ほん》はもちろん、自分《じぶん》の心《こころ》とじっくり向《む》き合《あ》えるのも、読書感想文《どくしょかんそうぶん》のよさだね。

2 ちょう戦編《せんへん》

手《て》紙《がみ》の書《か》き方《かた》って？

手紙《てがみ》を書《か》いたことはある？
じっくり言葉《ことば》を選《えら》びながら、
自分《じぶん》の字《じ》で書《か》くのは、ちょっぴり大変《たいへん》だよね。
でも心《こころ》をこめた分《ぶん》、相手《あいて》もあなたの思《おも》いを、
真《しん》けんに受《う》け止《と》めてくれるはず。
「ありがとう」や「ごめんね」など、
照《て》れくさくて直接《ちょくせつ》言《い》いにくいことも、
手紙《てがみ》にしてみない？
きっとあなたの思《おも》いをまっすぐとどけてくれるよ！

こんなにあるよ！ 手紙《てがみ》のいいところ

ぴったりの言葉《ことば》を時間《じかん》をかけて選《えら》べる

自分《じぶん》のペースで書《か》けるから、パッと言葉《ことば》が出《で》ないときや、大事《だいじ》なことをまちがいなく伝《つた》えたいときにぴったり！

相手《あいて》にきもちが伝《つた》わりやすい

心《こころ》をこめて書《か》いた手紙《てがみ》は、相手《あいて》にあなたの思《おも》いをやさしく伝《つた》えてくれるよ。上手《じょうず》な字《じ》より、ていねいな字《じ》を心《こころ》がけよう。

ふうとうやはがきのデザインを選《えら》べる

相手《あいて》や内容《ないよう》に合《あ》ったデザインを選《えら》べば、受《う》け取《と》った相手《あいて》もさらにうれしくなるね！

時間《じかん》がたってもずっと残《のこ》る

大切《たいせつ》な言葉《ことば》を残《のこ》しておけるのが手紙《てがみ》。思《おも》いがつまった手紙《てがみ》は、あなたと相手《あいて》だけのたからものだね！

どんな手紙《てがみ》があるのかな？

手紙《てがみ》にはいろいろな種類《しゅるい》があるよ。あなたはいくつ知《し》っているかな？手紙《てがみ》の内《ない》ようと種類《しゅるい》を組《く》み合《あ》わせてみよう！

1

□□□-□□□□

年《ねん》賀《が》じょう

2

□□□-□□□□

寒《かん》中《ちゅう》見《み》まい

3

□□□-□□□□

おわびじょう

4

□□□-□□□□

暑《しょ》中《ちゅう》見《み》まい

5

□□□-□□□□

ファンレター

6

□□□-□□□□

お礼《れい》じょう

A 年《とし》の初《はじ》めに送《おく》るあいさつの手紙《てがみ》

B 冬《ふゆ》に送《おく》るあいさつの手紙《てがみ》

C あこがれの人《ひと》に送《おく》る手《て》紙《がみ》、おうえんの手紙《てがみ》

D 感謝《かんしゃ》を伝《つた》えたいときに送《おく》る手紙《てがみ》

E 相手《あいて》にあやまりたいときに送《おく》る手紙《てがみ》

F 夏《なつ》に送《おく》るあいさつの手紙《てがみ》

手《て》紙《がみ》のよさを生《い》かそう！

	メールやSNS	手《て》紙《がみ》
ここがいい！	●すぐ相《あい》手《て》にとどく ●たくさんの人《ひと》に同《どう》時《じ》に送《おく》れる	●時《じ》間《かん》をかけて書《か》ける ●よりていねいな、特《とく》別《べつ》な印《いん》象《しょう》になる
ここがあと一《いっ》歩《ぽ》！	●インターネットがないと、送《おく》れない ●目《め》上《うえ》の人《ひと》には失《しつ》礼《れい》になる場《ば》合《あい》もある	●書《か》くのに時《じ》間《かん》がかかる ●とどくまでに時《じ》間《かん》がかかる
Good!	急《いそ》いで伝《つた》えたいときやたくさんの人《ひと》に伝《つた》えたいときに	季《き》節《せつ》のあいさつや大《だい》事《じ》なことを伝《つた》えたいときに

送《おく》る目《もく》的《てき》や相《あい》手《て》に合《あ》わせて書《か》こう

パッと文《ぶん》章《しょう》をつくって、気《き》軽《がる》に送《おく》れるメールと、時《じ》間《かん》をかけて書《か》く手《て》紙《がみ》。どちらも相《あい》手《て》に文《ぶん》章《しょう》で伝《つた》える方《ほう》法《ほう》だけど、それぞれいいところにちがいがあるね。自《じ》分《ぶん》が使《つか》いやすいほうを選《えら》ぶのもいいけれど、目《もく》的《てき》や相《あい》手《て》に合《あ》った方《ほう》法《ほう》を選《えら》ぶことで、手《て》紙《がみ》の達《たつ》人《じん》に一《いっ》歩《ぽ》近《ちか》づけるよ！

こたえ：❶…A、❷…B、❸…E、❹…F、❺…C、❻…D

どんなことを書《か》く？

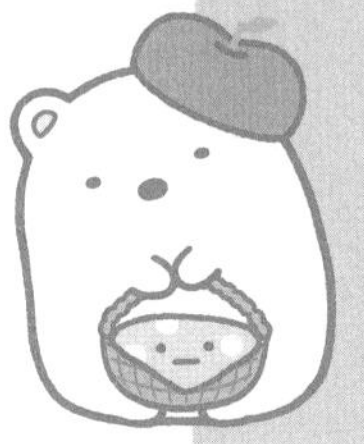

手紙《てがみ》には、どんなことを書《か》いたらいいのかな？ ここでは、お友《とも》だちへの手紙《てがみ》の書《か》き方《かた》を見《み》てみよう！ あて名《な》の書《か》き方《かた》も覚《おぼ》えてね。

ゆいちゃん、こんにちは！ 元気《げんき》にしてる？ 最近《さいきん》暑《あつ》いけど、夏《なつ》バテなんてしていないかな？

ゆいちゃんが、引《ひ》っこして3か月《げつ》たったね。お友《とも》だちはできた？ やさしいゆいちゃんのことだから、心配《しんぱい》はいらないと思《おも》うけど、気《き》になって手紙《てがみ》を書《か》いちゃった。

わたしは、うれしいことがあったんだ！ じつは運動会《うんどうかい》のリレーの選手《せんしゅ》に選《えら》ばれたんだ。もちろん目指《めざ》すは1位《い》！ 遠《とお》くから、おうえんしてくれたらうれしいな。

また、手紙《てがみ》を書《か》くね。ゆいちゃんのお話《はなし》を聞《き》けるのも楽《たの》しみにしてるよ。それじゃあ、またね！

7月《がつ》20日《か》 あきより

はがきやふうとうのあて名《な》の書《か》き方《かた》

相手《あいて》の名前《なまえ》は真《ま》ん中《なか》に大《おお》きく書《か》くよ

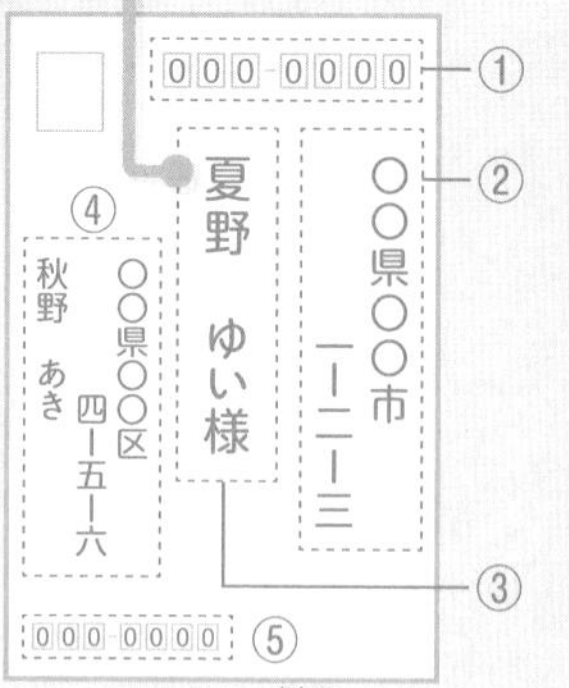

はがき 表《おもて》

はじめのあいさつ

話《はな》すときと同《おな》じように、最初《さいしょ》にあいさつを書《か》こう。相手《あいて》の様子《ようす》を気《き》づかう言葉《ことば》や、季節《きせつ》を感《かん》じる言葉《ことば》を入《い》れるといいね。

本文《ほんぶん》

一番《いちばん》伝《つた》えたいことを書《か》くよ。手紙《てがみ》を書《か》いた理由《りゆう》や、最近《さいきん》の様子《ようす》など、伝《つた》えたいことをす直《なお》に書《か》こう。

おわりのあいさつ

最後《さいご》はあいさつで終《お》わるよ。「また書《か》くよ」など、次《つぎ》の約束《やくそく》があると、相手《あいて》もうれしいね。

日付《ひづけ》と自分《じぶん》の名前《なまえ》

日付《ひづけ》と自分《じぶん》の名前《なまえ》を書《か》いて、しめくくろう。

紙《かみ》をはり合《あ》わせた部分《ぶぶん》の右《みぎ》に自分《じぶん》の住所《じゅうしょ》、左《ひだり》に名前《なまえ》の順番《じゅんばん》で書《か》くよ

①〜③ははがきと同《おな》じ！

①相手《あいて》のゆう便番号《びんばんごう》

②相手《あいて》の住所《じゅうしょ》

③相手《あいて》の名前《なまえ》

④自分《じぶん》の住所《じゅうしょ》と名前《なまえ》

⑤自分《じぶん》のゆう便番号《びんばんごう》

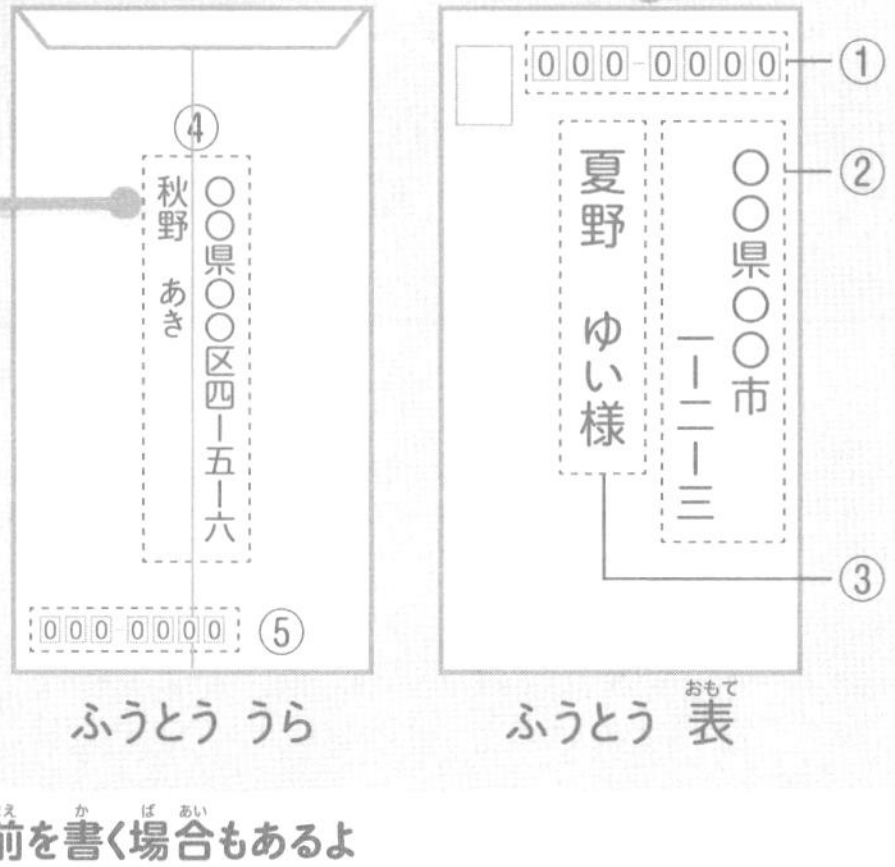
④
〇〇県〇〇区四ー五ー六
秋野 あき
000 0000 ⑤
000-0000 ①
〇〇県〇〇市一ー二ー三 ②
夏野 ゆい様
③

ふうとう うら　　ふうとう 表《おもて》

*紙《かみ》をはり合《あ》わせた部分《ぶぶん》の左《ひだり》に住所《じゅうしょ》や名前《なまえ》を書《か》く場合《ばあい》もあるよ

相《あい》手《て》に合《あ》わせた手《て》紙《がみ》を書《か》こう

消《しょう》ぼうしょの人《ひと》に手《て》紙《がみ》を書《か》くよ。（　）に、どの言《こと》葉《ば》を入《い》れたらていねいかな？　選《えら》んでみよう。使《つか》わない言《こと》葉《ば》もあるよ。

〇〇消《しょう》ぼうしょのみなさん、寒《さむ》い日《ひ》が続《つづ》いていますが、お元《げん》気《き》ですか？　わたしは、〇〇小《しょう》学《がっ》校《こう》3年《ねん》1組《くみ》の冬《ふゆ》野《の》ゆきです。

先《せん》週《しゅう》は、消《しょう》ぼう訓《くん》練《れん》に来《き》て（①　　　）ありがとうございました。みなさんが夜《よる》も交《こう》代《たい》で、出《しゅつ》動《どう》にそなえていると（②　　　）、とてもおどろきました。

それから、「火《か》事《じ》の家《いえ》に向《む》かうのは今《いま》でもこわい、一人《ひとり》一人《ひとり》が注《ちゅう》意《い》してほしい」と（③　　　）のが、特《とく》に心《こころ》に残《のこ》っています。火《ひ》の用《よう》心《じん》の大《たい》切《せつ》さがよくわかりました。

おいそがしい毎《まい》日《にち》かと思《おも》いますが、どうぞお体《からだ》に気《き》をつけておすごしください。さようなら。

12月《がつ》1日《ついたち》

〇〇小《しょう》学《がっ》校《こう》3年《ねん》1組《くみ》　冬《ふゆ》野《の》ゆき

A　いただいて	B　おっしゃっていた
C　うかがって	D　しゃべっていた
E　させていただいて	F　聞《き》いてくださって

こたえ：①…A、②…C、③…B

敬《けい》語《ご》を上手《じょうず》に使《つか》おう

目《め》上《うえ》の人《ひと》やお世《せ》話《わ》になった人《ひと》には、敬《けい》語《ご》を使《つか》おう。敬《けい》語《ご》にはいくつか種《しゅ》類《るい》があるよ。

そん敬語《けいご》

相《あい》手《て》をそん敬《けい》していることを示《しめ》すよ。

(相《あい》手《て》が)言《い》う↓おっしゃる

けんじょう語《ご》

自《じ》分《ぶん》や家《か》族《ぞく》など身《み》内《うち》の立《たち》場《ば》を下《さ》げて、ひかえめにする表《ひょう》現《げん》だよ。

(自《じ》分《ぶん》が)言《い》う↓申《もう》す

ていねい語《ご》

ていねいな言《こと》葉《ば》づかいで、相《あい》手《て》をそん敬《けい》していることを示《しめ》すよ。

言《い》う↓言《い》います

ここに注《ちゅう》意《い》!

家《か》族《ぞく》のことを言《い》うときはけんじょう語《ご》を使《つか》う!
(例《れい》)お母《かあ》さんがおっしゃいました→母《はは》が申《もう》しました

たいせつなのは相《あい》手《て》への気《き》づかい!

敬《けい》語《ご》は種《しゅ》類《るい》が多《おお》いから、1つ1つ覚《おぼ》えていこう。手《て》紙《がみ》を書《か》いた後《あと》、大《お》人《とな》に見《み》せて教《おし》えてもらうのもいいね。もし、上《じょう》手《ず》に敬《けい》語《ご》が使《つか》えなくても心《しん》配《ぱい》はいらないよ。大《だい》事《じ》なのは相《あい》手《て》への気《き》づかい。ていねいな字《じ》で書《か》く、下《した》書《が》きしてからペンで書《か》くなど、相《あい》手《て》がきもちよく読《よ》めるように、心《こころ》をこめて書《か》けば、あなたのきもちは必《かなら》ず伝《つた》わるよ。

3

ちょう戦編《せんへん》

日《にっ》記《き》の書《か》き方《かた》って？

あなたは、日記《にっき》を書《か》いているかな？
「毎日《まいにち》なんて、めんどくさい！」
「書《か》くことがないし…」なんて、
苦手《にがて》に感《かん》じている人《ひと》がいるかもしれないね。
でも、日記《にっき》は3行《ぎょう》だけだっていいし、
特別《とくべつ》なことを書《か》かなくてもOK！
小《ちい》さな気《き》づきや、自分《じぶん》のきもちを思《おも》ったまま、
少《すこ》しずつ書《か》き続《つづ》けていけば、
ふり返《かえ》ったとき、きっとそれまでの毎日《まいにち》が
キラキラして見《み》えるはずだよ！

日記《にっき》を書《か》くと いいことがいっぱい！

きもちが整理《せいり》できる！

きもちを言葉《ことば》にして書《か》き出《だ》すことで、心《こころ》が整理《せいり》されて、自分《じぶん》の本当《ほんとう》のきもちが見《み》えてくるよ。

文章《ぶんしょう》が上達《じょうたつ》する！

文章《ぶんしょう》を上手《じょうず》に書《か》けるようになるには、毎日《まいにち》文章《ぶんしょう》を書《か》くのが近道《ちかみち》。日記《にっき》は文章《ぶんしょう》の練習《れんしゅう》にぴったりだよ！

自分《じぶん》のがんばりがわかる！

毎日《まいにち》の積《つ》み重《かさ》ねを、後《あと》からふり返《かえ》れるのが日記《にっき》のよさ！自分《じぶん》のがんばりが目《め》に見《み》えると、うれしくなるね。

自信《じしん》がつく！

日記《にっき》を書《か》き続《つづ》けるのはちょっぴり大変《たいへん》だけど、「毎日《まいにち》書《か》けた！」というきもちが、自信《じしん》になるよ！

日記《にっき》はどうやって書《か》けばいい？

日記《にっき》を書《か》こうとしても「何《なに》を書《か》いたらいい？」「毎日《まいにち》同《おな》じになっちゃうなぁ…」なんてなやんでない？　ここでいっしょにかい決《けつ》してみよう！

何《なに》を書《か》けばいい？

ほかの文章《ぶんしょう》と同《おな》じように、事実《じじつ》ときもちを書《か》こう。

事実《じじつ》

その日《ひ》の出来事《できごと》
日付《ひづけ》や天気《てんき》も書《か》くと
あとから思《おも》い出《だ》し
やすいね。

きもち

感《かん》じたこと
日記《にっき》は自分《じぶん》だけのもの。
すなおなきもちを
書《か》こう。

日記《にっき》はありのままを書《か》くのがポイント！　読《よ》み返《かえ》したときに、そのときのきもちをそのまま味《あじ》わえるし、今《いま》の自分《じぶん》とのちがいや成長《せいちょう》を感《かん》じられるよ。

書《か》くことがないときは？

絵《え》をかいたり写真《しゃしん》をはったり！

こんなテーマで！

うれしかったこと
悲《かな》しかったこと
おもしろかったこと
本《ほん》やテレビのこと
食《た》べたもののこと

テーマを自由《じゆう》に考《かんが》えてみよう。また、絵《え》や写真《しゃしん》、つんだ花《はな》などもはってみて。書《か》きたいことが思《おも》いつきやすくなるよ。

日記《にっき》が書《か》ける！　メモシート

5W1H
(P.72) で書《か》くと
整理《せいり》しやすいよ

5月《がつ》18日《にち》　天気《てんき》はれ

①材料《ざいりょう》をそろえよう！

いつ？

そうじの時間《じかん》

どこで？

ロッカーの横《よこ》のすきま

だれが？

わたしと、ひなちゃん

何《なに》を？

ほこりのかたまり

なぜ？

気《き》になったから

どのように？

ほうきで何度《なんど》も
ていねいにはいた

そのときのきもちは？

最初《さいしょ》はめんどうだったけれど、すっきりした！

②材料《ざいりょう》をもとに、書《か》いてみよう！

6月《がつ》7日《にち》　天気《てんき》くもり

今日《きょう》、ロッカーの横《よこ》にほこりがたくさんたまっているのを見《み》つけた。そうじの時間《じかん》にひなちゃんと協力《きょうりょく》して、ほうきでていねいにはいた。最初《さいしょ》はめんどうだったけれど、きれいになったのを見《み》たら、とてもすがすがしいきもちになった。

＊P.141の「日記《にっき》が書《か》ける！　メモシート」をコピーして使《つか》おう！

日記《にっき》を続《つづ》けるためのポイントは？

日記《にっき》を書《か》き続《つづ》けるのが苦手《にがて》な理由《りゆう》は、人《ひと》それぞれ。チャートをたどって、自分《じぶん》に合《あ》った続《つづ》け方《かた》を見《み》つけてみよう！

START

小《ちい》さいころから続《つづ》けている習《しゅう》かんがある

- はい → 短《たん》きょり走《そう》より、長《ちょう》きょり走《そう》のほうが好《す》き！
- いいえ → 電話《でんわ》より、メールやSNSのメッセージをよく使《つか》う

短《たん》きょり走《そう》より、長《ちょう》きょり走《そう》のほうが好《す》き！

- はい → まわりの人《ひと》やものの変化《へんか》によく気《き》づく
- いいえ

電話《でんわ》より、メールやSNSのメッセージをよく使《つか》う

- いいえ → 「新発売《しんはつばい》」「今《いま》だけ」と書《か》いてあると、ついついほしくなる

「新発売《しんはつばい》」「今《いま》だけ」と書《か》いてあると、ついついほしくなる

- はい → 時間《じかん》を決《き》めて書《か》いてみよう

まわりの人《ひと》やものの変化《へんか》によく気《き》づく

- はい → すでに日記《にっき》の達人《たつじん》！
- いいえ

時間《じかん》を決《き》めて書《か》いてみよう

やりたいことだらけで時間《じかん》が足《た》りないのかも。「夕《ゆう》ごはんの後《あと》」など、「この時間《じかん》！」と決《き》めて、習《しゅう》かんにしてみよう！

すでに日記《にっき》の達人《たつじん》！

日記《にっき》を続《つづ》ける力《ちから》はすでに十分《じゅうぶん》！　今《いま》すぐ、日記《にっ き》の達人《たつじん》になれちゃう。

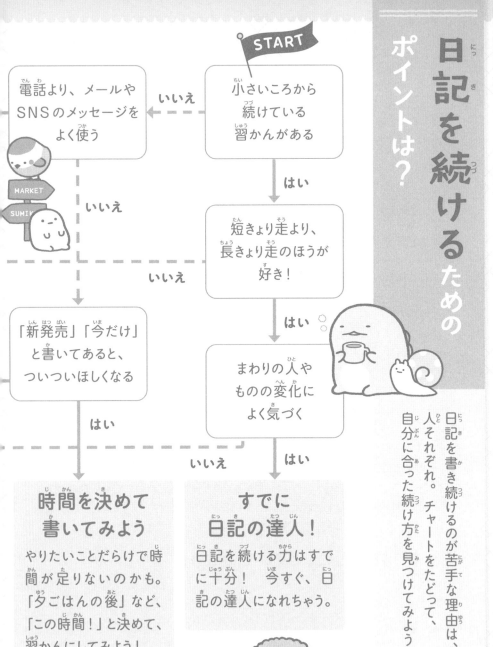

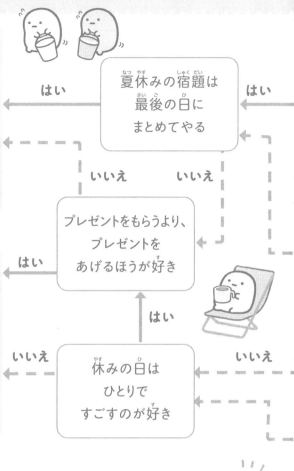

夏休《なつやす》みの宿題《しゅくだい》は最後《さいご》の日《ひ》にまとめてやる

はい

いいえ

いいえ

はい

プレゼントをもらうより、プレゼントをあげるほうが好《す》き

はい

はい

休《やす》みの日《ひ》はひとりですごすのが好《す》き

いいえ

いいえ

まずは3行《ぎょう》日《にっ》記《き》にちょう戦《せん》！

長《なが》い文章《ぶんしょう》を書《か》くことに苦《にが》手意《てい》しきがあるかも。まずは3行《ぎょう》だけ書《か》いてみて。なれたら少《すこ》しずつふやしていこう！

ほかの人《ひと》をまきこもう！

だれかといっしょなら、やる気《き》もぐんとアップ！　家《か》族《ぞく》やお友《とも》だちと交《こう》かん日《にっ》記《き》をしてみるのがおすすめだよ。

積《つ》み重《かさ》ねが自《じ》信《しん》をくれる！

できなかったことができるようになったり、きもちや考《かんが》え方《かた》が変《か》わったり。わたしたちは、毎日《まいにち》少《すこ》しずつ変化《へんか》するよね。日記《にっき》は、そんなあなたの日々《ひび》の積《つ》み重《かさ》ねを記録《きろく》するもの。ふり返《かえ》ったとき、これまでのがんばりが、きっとあなたに自信《じしん》をくれるはず！

4

ちょう戦《せん》編《へん》

記《き》録《ろく》文《ぶん》の書《か》き方《かた》って？

記《き》録《ろく》文《ぶん》とは、見《み》たことや聞《き》いたこと、
学《まな》んだことを、正《せい》かくに書《か》いた文章《ぶんしょう》のことだよ。
例《たと》えば、植物《しょくぶつ》や生《い》きものの観察《かんさつ》記録《きろく》、
しせつの見学《けんがく》記録《きろく》のほか、
夏休《なつやす》みの自由《じゆう》研究《けんきゅう》も記録文《きろくぶん》になるんだ。
「ちょっとむずかしそう…」
と、思《おも》うかもしれないけれど、
コツを知《し》れば、ぐんとわかりやすい記録文《きろくぶん》が
書《か》けるようになれるよ。
いっしょに記録文名人《きろくぶんめいじん》を目指《めざ》してみよう！

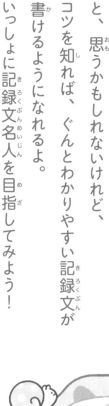

どんな記《き》録《ろく》文《ぶん》があるの？

実《じっ》験《けん》記《き》録《ろく》文《ぶん》

どんな実《じっ》験《けん》をして、
どんな結《けっ》果《か》が出《で》たか
記《き》録《ろく》した文《ぶん》だよ。

観《かん》察《さつ》記《き》録《ろく》文《ぶん》

植《しょく》物《ぶつ》や動《どう》物《ぶつ》などの
様《よう》子《す》を記《き》録《ろく》した
文《ぶん》だよ。

見《けん》学《がく》記《き》録《ろく》文《ぶん》

しせつなどを見《けん》学《がく》した
ときに見《み》たものや
学《まな》んだことを
記《き》録《ろく》するよ。

研《けん》究《きゅう》記《き》録《ろく》文《ぶん》

ものごとをくわしく
調《しら》べた結《けっ》果《か》を、
まとめた記《き》録《ろく》だよ。

ほかにもいろいろあるよ！
身《み》のまわりをさがしてみてね！

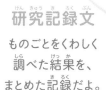

記《き》録《ろく》文《ぶん》はメモが大《だい》事《じ》

記《き》録《ろく》文《ぶん》で特《とく》に大事《だいじ》なのは、正確《せいかく》に事実《じじつ》を書《か》くこと。そのためには、必要《ひつよう》なじょうほうをしっかりメモするのがポイントだよ！

ていねいにメモを取《と》ろう

メモを取《と》るときは、あいまいな表《ひょう》げんをさけて、数《かず》や色《いろ》などを記録《きろく》するよ。

日時《にちじ》や天気《てんき》

ひまわり観察《かんさつ》メモ

・7月《がつ》18日《にち》10時《じ》　天気《てんき》はれ

・しょく員室前《いんしつまえ》の花《か》だん
土《つち》が少《すこ》ししめっている

・葉《は》っぱ　数《かず》…6まい
長《なが》さ…15cm
形《かたち》…ハート

・くき　長《なが》さ…90cm
ざらざらしている
かたい毛《け》が生《は》えている

・花《はな》　大《おお》きさ…25cm
におい…あまりしない

・同《おな》じ向《む》きを向《む》いてさいている
ひまわりが多《おお》い

（場所《ばしょ》）
まわりの様子《ようす》も書《か》いておこう。

（観察《かんさつ》したこと）
数《かぞ》えられるものやはかれるものは数字《すうじ》で表《あらわ》すよ。また、においや、さわりごこちなど、五感《ごかん》を使《つか》って観察《かんさつ》しよう！

（気《き》づいたこと）
おどろいたことや、「あれ？」と思《おも》ったことを書《か》いておいて、後《あと》で調《しら》べてみよう。

観察《かんさつ》記録《きろく》文《ぶん》を完成《かんせい》させよう

ひまわり観察《かんさつ》記録《きろく》

7月《がつ》18日《にち》　天気《てんき》はれ

3年《ねん》3組《くみ》　空《そら》野《の》あおい

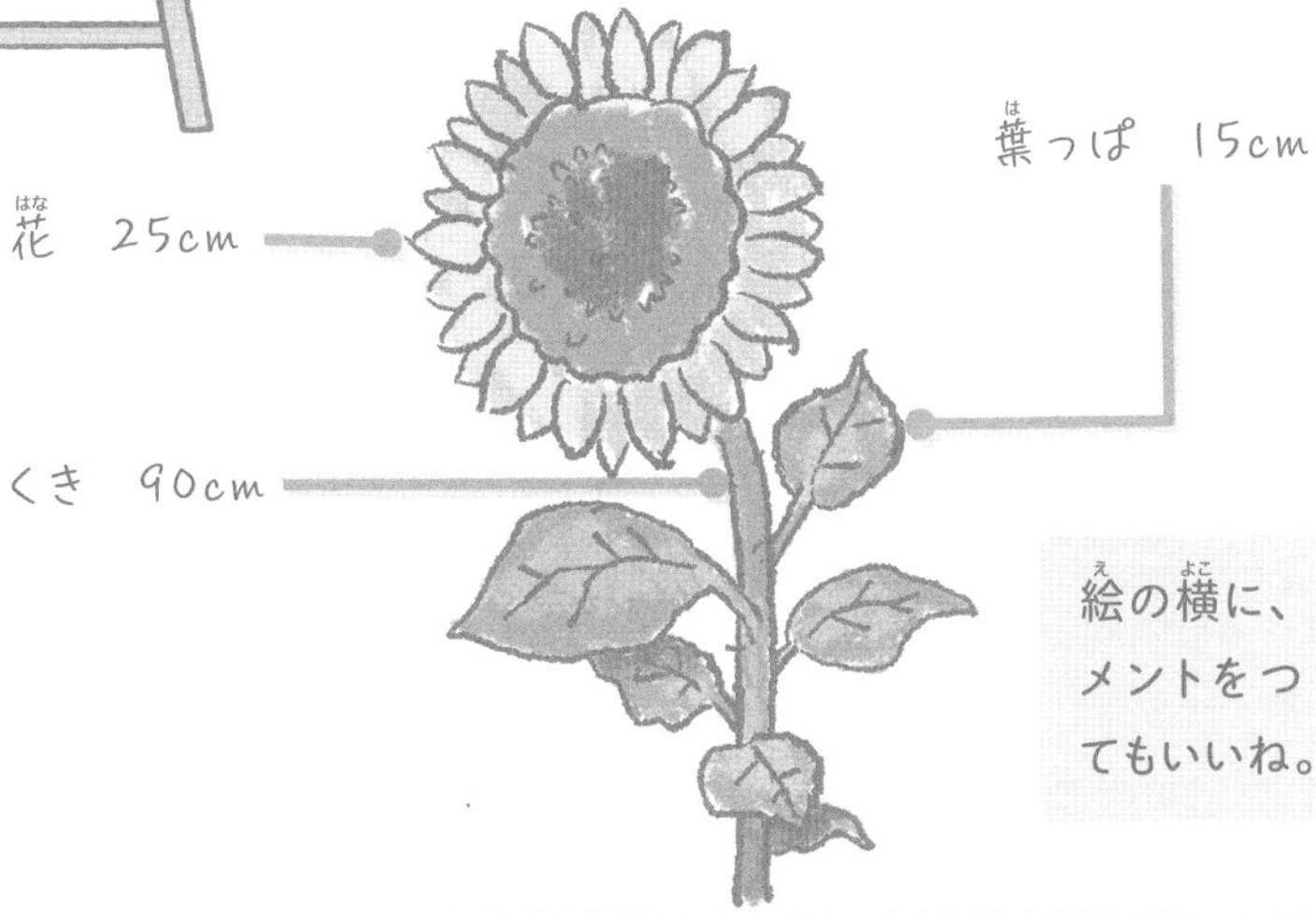

絵《え》の横《よこ》に、コメントをつけてもいいね。

しょくいん室《しつ》前《まえ》の花《か》だんにさいている、ひまわりを観察《かんさつ》した。くきはざらざらで、かたい毛《け》がたくさん生《は》えていた。花《はな》のにおいをかいでみたが、あまりしなかった。ほかのひまわりを見《み》ると、7本《ほん》中《ちゅう》5本《ほん》が同《おな》じほうを向《む》いていた。調《しら》べたら、植物《しょくぶつ》は日《ひ》の光《ひかり》を多《おお》く浴《あ》びるために、太陽《たいよう》に向《む》かって、花《はな》をさかせることが多《おお》いとわかった。

絵《え》でわかること（葉《は》っぱの数《かず》など）は、省《しょう》りゃくしてもいいよ。

自《じ》由《ゆう》研《けん》究《きゅう》のまとめ方《かた》って？

自《じ》由《ゆう》研《けん》究《きゅう》も記《き》録《ろく》文《ぶん》の1つ。上手《じょうず》にまとめるためのポイントを見《み》てみよう！

表《ひょう》などに整理《せいり》して見《み》やすくしよう。

結果《けっか》

	7/30	7/31	8/1	8/2	8/3	8/4
鳴《な》き声《ごえ》	×	×	×	×	×	○
すがた	×	×	×	×	×	×

・8/3まで、いちども鳴《な》き声《こえ》がしなかった。
・8/4はラジオ体操《たいそう》の30分前《ぶんまえ》に公園《こうえん》に行《い》ったらあの声《こえ》がした！
しかし、すがたを見《み》つけることはできなかった。

しかし その後《ご》！

録音《ろくおん》した声《こえ》を鳥《とり》にくわしいおばに聞《き》いてもらったところ、なんと「キジバト」というはとだとわかった！

「キジバトのオスはデーデーポッポーと鳴《な》く」（鳥野《とりの》ひばり 2020『鳥《とり》の声《こえ》』やま出版《しゅっぱん》 p42）

わかったこと・反省《はんせい》したこと

「はと」の鳴《な》き声《ごえ》ではないと思《おも》っていたため、正体《しょうたい》をつかむのに時間《じかん》がかかった。何《なに》かを調《しら》べるときは、思《おも》いこみをしないことが大事《だいじ》だとわかった。

参考《さんこう》にしたもの

・『みぢかな鳥《とり》ずかん』（ことり出版社《しゅっぱんしゃ》）
・『鳥《とり》の声《こえ》』（やま出版《しゅっぱん》）

調《しら》べものに使《つか》った本《ほん》や文章《ぶんしょう》を引用《いんよう》した本《ほん》を必《かなら》ず書《か》こう。

ここにちゅうい！

本《ほん》やウェブサイトの文章《ぶんしょう》をだまって使《つか》うのは、法《ほう》りつい反《はん》！　使《つか》うときはこれらを必《かなら》ず書《か》こう。
●本《ほん》のタイトル（サイト名《めい》）
●ちょ者《しゃ》（本《ほん》を書《か》いた人《ひと》）名《めい》　●本《ほん》が発売《はつばい》された年《とし》
●文章《ぶんしょう》を使《つか》ったページ　●ウェブサイトのURL

思《おも》わず読《よ》みたくなるタイトルにしよう！

大《おお》きな紙《かみ》に書《か》くと、みんなが見《み》やすいね！

なぞの鳥《とり》の正体《しょうたい》を突《つ》き止《と》めろ！

3年《ねん》3組《くみ》　森野《もりの》みどり

調《しら》べようと思《おも》ったきっかけ

ラジオ体操《たいそう》の帰《かえ》り道《みち》、近所《きんじょ》の公園《こうえん》で、「ボーボー、ホオホオ」という聞《き》いたことのない鳥《とり》の声《こえ》を聞《き》き、いったい何《なん》の鳥《とり》か調《しら》べたくなった。

調《しら》べたいこと

家《いえ》の近所《きんじょ》で鳴《な》いていたのは、どんな鳥《とり》か。

予想《よそう》

ふだんは、あまり近所《きんじょ》にいない鳥《とり》だと思《おも》う。はとやすずめ、からすではなさそうだ。

じっさい調《しら》べる前《まえ》に、結果《けっか》を想像《そうぞう》して書《か》くよ。

使《つか》ったもの

そうがん鏡《きょう》

カメラ

録音器《ろくおんき》

調《ちょう》さのしかた

・○△公園《こうえん》で1日《にち》1時間《じかん》、「ボーボー、ホオホオ」という鳴《な》き声《ごえ》の鳥《とり》をさがす。
・見《み》つけたら、声《こえ》を録音《ろくおん》する。
・できればすがたをカメラにおさめる。

こんなことを書《か》こう

①タイトル　②きっかけ　③自分《じぶん》の名前《なまえ》　④調《しら》べたいこと
⑤予想《よそう》　⑥使《つか》ったもの　⑦調《ちょう》さ方法《ほうほう》　⑧結果《けっか》
⑨わかったことや反省《はんせい》　⑩参考《さんこう》にしたもの

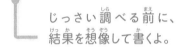

5
ちょう戦編《せんへん》

テストのこたえの書《か》き方《かた》のコツって？

テストには「文章《ぶんしょう》でこたえましょう」という
問題《もんだい》が出《で》ることがあるよね。
記号《きごう》や単語《たんご》でこたえる問題《もんだい》とちがって、
「苦手《にがて》だな〜」って思《おも》っていないかな？
文章《ぶんしょう》でこたえる問題《もんだい》は、先生《せんせい》があなたの考《かんが》えや、
文章《ぶんしょう》を整理《せいり》する力《ちから》を知《し》るためにあるんだ。
つまり、これまでいっしょに見《み》てきた、
文章《ぶんしょう》の書《か》き方《かた》と基本《きほん》はいっしょ！
さらにいくつかのコツを知《し》れば、
自信《じしん》をもってテストにチャレンジできるよ！

何《なん》で文章《ぶんしょう》を書《か》く問題《もんだい》が出《で》てくるの？

なぜ、
そう思《おも》ったかを
たしかめるため。

文章《ぶんしょう》の内容《ないよう》が
読《よ》み取《と》れて
いるかを
たしかめるため。

文章《ぶんしょう》を
整理《せいり》する力《ちから》が
身《み》についているかを
たしかめるため。

問題《もんだい》の内容《ないよう》を理解《りかい》し、
あなたの考《かんが》えを上手《じょうず》にまとめて、
文章《ぶんしょう》にするコツを知《し》ろう！

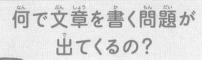

文《ぶん》章《しょう》で書《か》くこたえで大《たい》切《せつ》なのは？

文《ぶん》章《しょう》でこたえる問《もん》題《だい》を、文《ぶん》章《しょう》読《どっ》解《かい》というよ。
では、解《と》くときのポイントって何《なん》だろう？
実《じつ》は解《と》き方《かた》にコツがあるよ。
左《ひだり》の問《もん》題《だい》をいっしょに考《かんが》えてみよう！

注《ちゅう》目《もく》②

次《つぎ》の文《ぶん》章《しょう》を読《よ》んで、問《もん》題《だい》にこたえましょう

ある日《ひ》、きつねはおいしそうなぶどうがなっている木《き》を見《み》つけました。
「これはおいしそうだ。さっそく食《た》べてみよう。」
そう言《い》うと、きつねはぶどうを取《と》ろうと、何《なん》度《ど》もジャンプしました。しかし、高《たか》いところにあるぶどうにどうしてもとどきません。するときつねは、
①「ふん！　どうせこんなぶどうは、すっぱいに決《き》まっている！　だれが食《た》べてやるもんか。」
と、くやしそうに言《い》って、どこかへ行《い》ってしまいました。

『すっぱい葡《ぶ》萄《どう》』より

注《ちゅう》目《もく》①

注《ちゅう》目《もく》③

問《もん》題《だい》①
きつねは線《せん》①のとき、どんなきもちだったでしょうか。20文《も》字《じ》以《い》内《ない》でこたえましょう。

問《もん》題《だい》②
あなたは、ほしいものが手《て》に入《はい》らないときどうしますか？
文《ぶん》章《しょう》でこたえましょう。

こたえの例《れい》：問《もん》題《だい》①…くやしくて、たまらないきもち。

こたえ方《かた》のコツを知《し》ろう

注目《ちゅうもく》①

まずは問題文《もんだいぶん》をよく読《よ》む

問題文《もんだいぶん》には、こたえのヒントがかくれているよ！
まずは何《なに》を聞《き》かれているか、よく読《よ》んで考《かんが》えよう。

問題《もんだい》①は…
「きつねのきもち」を
こたえる問題《もんだい》だね！

問題《もんだい》②は…
「あなたならどうするか」
をこたえる問題《もんだい》だよ。

注目《ちゅうもく》②

書《か》き出《だ》す前《まえ》に書《か》くべきことを整理《せいり》！

文章《ぶんしょう》でこたえるときも、作文《さくぶん》と同《おな》じ！
あせらず、書《か》くべきことを整理《せいり》しよう。

問題《もんだい》①は…
「くやしそう」という
「きつねのきもち」に
注目《ちゅうもく》！

問題《もんだい》②は…
・自分《じぶん》ならどうしたいか
・きつねとのちがいはあるか
などを、考《かんが》えてまとめよう。

注目《ちゅうもく》③

問題《もんだい》に合《あ》ったこたえ方《かた》をする

こたえの文章《ぶんしょう》は問題《もんだい》にあわせてまとめるのが一番大事《いちばんだいじ》！
特《とく》に、文《ぶん》の終《お》わり方《かた》に注目《ちゅうもく》しよう。

例《たと》えば…

「なぜですか？」 ➜ 「〜だから。」
「どんなきもちですか？」 ➜ 「〜というきもち。」
「どうしますか？」 ➜ 「〜します。」

こたえの例《れい》：問題《もんだい》②…わたしなら、手《て》に入《はい》る方法《ほうほう》を考《かんが》えます。きつねのように
あきらめる前《まえ》に、長《なが》いはしごや台《だい》をさがすなど、別《べつ》の方法《ほうほう》を見《み》つけたいです。

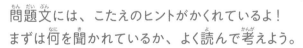

文《ぶん》章《しょう》読《どっ》解《かい》が得《とく》意《い》になるには？

文《ぶん》章《しょう》読《どっ》解《かい》の力《ちから》をのばす習《しゅう》かんをしょうかいするよ。できるようになったら○をつけてね。

□

テストがもどってきたら正《せい》かいとくらべる

自《じ》分《ぶん》のこたえと正《せい》かいを見《み》くらべて、いいところとおしいところをさがそう。わからないときは先《せん》生《せい》に質《しつ》問《もん》してもいいよ。

□

自《じ》分《ぶん》のきもちを言《こと》葉《ば》にする

「○○だから悲《かな》しい」「○○の○○なところが好《す》き」など、きもちを言《こと》葉《ば》にするくせをつけよう。テストでも言《い》いたいことがすっと文《ぶん》章《しょう》にできるようになるよ。

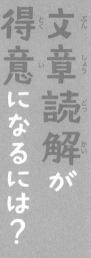

本《ほん》をたくさん読《よ》む

本《ほん》は文章《ぶんしょう》のお手本《てほん》。いい文章《ぶんしょう》をたくさん読《よ》むことで、わかりやすい書《か》き方《かた》や語《ご》いが、自然《しぜん》と身《み》につくよ。

＊くわしくはP.66を見《み》てね。

日記《にっき》を書《か》く

日記《にっき》は文章《ぶんしょう》を書《か》く練習《れんしゅう》にもってこい！　毎日《まいにち》の積《つ》み重《かさ》ねで、ぐっと文章力《ぶんしょうりょく》がアップするよ。

＊くわしくはP.114～117を見《み》てね。

たくさんの文章《ぶんしょう》にふれよう

内容《ないよう》を理《り》かいして文章《ぶんしょう》にする力《ちから》をのばすには、「いい文章《ぶんしょう》をたくさん読《よ》むこと」と「文章《ぶんしょう》をたくさん書《か》くこと」が大事《だいじ》だよ。自分《じぶん》の文章《ぶんしょう》とくらべながら、読《よ》んだり書《か》いたりするうちに、「こっちのほうがわかりやすい！」「この文《ぶん》のつながりは、おかしいかな」と、ちがいがわかるようになるよ。これをくり返《かえ》すうちに、テストでも書《か》きたいことがすらすらと書《か》けるようになっていくよ。

6

ちょう戦編《せんへん》

物語《ものがたり》や詩《し》、俳句《はいく》を書《か》こう！

「もし、ま法《ほう》が使《つか》えたら？」
「もし、動物《どうぶつ》たちとお話《はな》しできたら？」
そんなふうに頭《あたま》の中《なか》に自由《じゆう》に広《ひろ》がる世界《せかい》を、
物語《ものがたり》や詩《し》にできたらステキだよね。
自分《じぶん》の作品《さくひん》を書《か》くのは、ちょっぴりドキドキするけど、
なやみながら言葉《ことば》や文章《ぶんしょう》を生《う》み出《だ》した経験《けいけん》が、
きっとあなたの自信《じしん》になるよ。
さあ、勇気《ゆうき》を出《だ》して、
あなたの世界《せかい》を思《おも》いっきり表《ひょう》げんしてみよう！

物語《ものがたり》・小説《しょうせつ》

自由《じゆう》にストーリーを
考《かんが》えて書《か》く文章《ぶんしょう》だよ。
じっさいにあったことを
書《か》いてもいいし、想像《そうぞう》の
世界《せかい》を書《か》いても
いいんだ。

詩《し》

自然《しぜん》の美《うつく》しさや、
くらしの中《なか》で心《こころ》が動《うご》いた
ことを、リズミカルに
表《ひょう》げんした文章《ぶんしょう》だよ。

俳句《はいく》・短歌《たんか》

決《き》められた字数《じかず》で、
季節《きせつ》や心《こころ》の動《うご》きを
表《ひょう》げんした日本《にほん》なら
ではの詩《し》だよ。

物《もの》語《がたり》を書《か》いてみよう！

物《もの》語《がたり》を書《か》くときは、いくつかのパートに分《わ》けて
お話《はなし》の流《なが》れをつくるよ。
次《つぎ》の文《ぶん》章《しょう》をならびかえて、
かんたんな物《もの》語《がたり》をつくってみよう！

A

すると、うさぎは
とつ然《ぜん》どんどん
大《おお》きくなり始《はじ》めた。
「このままじゃ
つぶされちゃう！」

B

うさぎは、白《しろ》くて
とてもかわいかった。
ぼくは、思《おも》わず
うさぎをだき上《あ》げた。

C

ぼくは、森《もり》の中《なか》を
歩《ある》いていた。
すると、1ぴきの
うさぎがあらわれた。

D

「もうだめだ！」と、
思《おも》ったところで
目《め》が覚《さ》めた。そう、
あれはゆめだったのだ。

物語《ものがたり》を書《か》くためのステップ

① テーマを考《かんが》える
SF・れん愛《あい》・ぼうけん・すい理《り》・れきしものなど、さまざまなジャンルがあるよ。自分《じぶん》が好《す》きなものを選《えら》ぼう！

② 登場人物《とうじょうじんぶつ》を考《かんが》える
お話《はなし》に出《で》てくるキャラクターを考《かんが》えるよ。年《ねん》れいや見《み》た目《め》、趣味《しゅみ》や苦手《にがて》なものなど、細《こま》かく決《き》めるほど、書《か》きやすくなるよ。

③ 取材《しゅざい》や調《しら》べものをする
必要《ひつよう》なじょうほうを集《あつ》めるよ。例《たと》えば、ほかの国《くに》の物語《ものがたり》を書《か》くなら、その国《くに》の天気《てんき》やれきし、人々《ひとびと》のくらしなどを調《しら》べてみるといいね。

④ あらすじをつくり、物語《ものがたり》を書《か》く
「起承転結《きしょうてんけつ》」にそってあらすじを書《か》いておくと、スムーズに書《か》けるよ！

物語《ものがたり》をおもしろくする！「起承転結《きしょうてんけつ》」

起《き》
物語《ものがたり》の始《はじ》まり。登場人《とうじょうじん》物《ぶつ》や、その世界《せかい》のしょうかいをしよう。

←

承《しょう》
「起《き》」で書《か》いたことを、さらに深《ふか》めて、物語《ものがたり》を進《すす》めるパートだよ。

←

転《てん》
物語《ものがたり》の山場《やまば》。大《おお》きな変《へん》化《か》や、おどろくような出《で》来事《きごと》でもり上《あ》げよう！

←

結《けつ》
物語《ものがたり》の終《お》わり。「転《てん》」のできごとをまとめ、ストーリーをしめくくるよ。

物語《ものがたり》は「起承転結《きしょうてんけつ》」とよばれる４つのパートに分《わ》けて書《か》くと、ストーリーにメリハリが生《う》まれるよ！

こたえ：C→B→A→D

詩《し》や俳《はい》句《く》をつくってみよう！

美《うつく》しい景《け》色《しき》や、心《こころ》もようを短《みじか》い文《ぶん》章《しょう》で表《ひょう》げんした詩《し》や俳《はい》句《く》。むずかしく考《かんが》えず、のびのびと感《かん》じたことを書《か》いてみてね！

詩《し》を書《か》いてみよう！

どんなことを書《か》くの？

自《し》然《ぜん》の風《ふう》景《けい》や人《ひと》、ものなど、心《こころ》が動《うご》いたことについて書《か》くよ。

決《き》まりはある？

リズミカルに短《みじか》い文《ぶん》で書《か》くことが多《おお》いけど、まずは自《じ》由《ゆう》に書《か》いてみよう！

雪《ゆき》

山《やま》村《むら》暮《ぼ》鳥《ちょう》

きれいな
きれいな
雪《ゆき》だこと
畑《はたけ》も
屋《や》根《ね》も
まつ白《しろ》だ
きれいでなくつ《（つ）》て
どうしませ《（しょ）》う
天《てん》からふつ《（つ）》てきた雪《ゆき》だもの

こんなすてきな詩《し》があるよ！

上《うえ》の詩《し》を読《よ》んで、
あなたは雪《ゆき》をどう感《かん》じた？
じっくり考《かんが》えてみてね！

俳《はい》句《く》や短《たん》歌《か》をつくってみよう！

俳《はい》句《く》や短《たん》歌《か》の決《き》まり

文字数《もじすう》

俳《はい》句《く》は五《ご》・七《しち》・五《ご》の十七《じゅうなな》文字《もじ》、短《たん》歌《か》は五《ご》・七《しち》・五《ご》・七《しち》・七《しち》の三十一《さんじゅういち》文字《もじ》を使《つか》って表《ひょう》げんするよ。

季語《きご》

季《き》節《せつ》を表《あらわ》す言《こと》葉《ば》を「季《き》語《ご》」というよ。俳《はい》句《く》や短《たん》歌《か》には季《き》語《ご》をまぜるよ。

まずは、季語《きご》なしで自由《じゆう》につくってみてね！

俳《はい》句《く》をつくってみよう

テーマ「梅《つ》雨《ゆ》」

例《れい》 雨《あめ》続《つづ》き てるてるぼうずも うなだれる

あなただけの世《せ》界《かい》を表《ひょう》げんしよう！

詩《し》や俳《はい》句《く》のテーマは自《じ》由《ゆう》！ 好《す》きなもののこと、心《こころ》の中《なか》にかかえている思《おも》いなど、感《かん》じたままに書《か》いてみよう。うまく書《か》こうとしなくて、だいじょうぶ！ 言《こと》葉《ば》で遊《あそ》ぶようなきもちで、楽《たの》しみながら、あなただけの世《せ》界《かい》を表《ひょう》げんしてみてね。

考《かんが》えるより、書《か》いてみよう♪

いろいろな文章《ぶんしょう》の書《か》き方《かた》のコツや基本的《きほんてき》なお約束《やくそく》にふれて、
あなたはどう感《かん》じたかな?

文末《ぶんまつ》の「。」や、と中《ちゅう》に打《う》つ「、」、段落《だんらく》を変《か》えることなど
「これなら知《し》ってたよ!」っていうこともたくさんあったはず。
この基本《きほん》の「お約束《やくそく》」とこの本《ほん》でしょうかいしたコツを
組《く》み合《あ》わせたら、み～んな上手《じょうず》な文章《ぶんしょう》が書《か》けるようになるよ。

ちょっと苦手《にがて》…と思《おも》っている子《こ》も、まずは1行《ぎょう》書《か》いてみよう。
そうしたら、もう1行《ぎょう》。少《すこ》しずつ書《か》くことが楽《たの》しくなってくるはず。

自分《じぶん》が「書《か》くことが楽《たの》しい！」と感《かん》じて書《か》いた文章《ぶんしょう》は、
読《よ》む人《ひと》にもきもちが伝《つた》わるよ。

自分《じぶん》のきもちや考《かんが》えを文章《ぶんしょう》にまとめて、
楽《たの》しかったこと、おもしろかったこと、ときには悲《かな》しかったことなどを
だれかと分《わ》かち合《あ》うってとてもステキなこと♪

そして文章《ぶんしょう》は書《か》いているうちに、
自分《じぶん》のことがよくわかってきてスッキリしたきもちにもしてくれる！

いろいろな文章《ぶんしょう》にちょう戦《せん》して、
「文章《ぶんしょう》を書《か》くこと」をもっともっと好《す》きになってね。
好《す》きになることが、文章《ぶんしょう》が上手《じょうず》になるいちばんの早道《はやみち》だよ♡

Sumikkogurashi
Zasso to yosei no ohanabatake.

1
ある日、森のすみっこにあるお花畑に
やってきたすみっコたち。
でもそこはちょっとふしぎなお花畑…。

2
すみっコたちはお花畑でかくれんぼ♪
でも、ざっそうはかくれんぼがとくいで、
みつかりません…。

3
こまっていると、とつぜんきらきらした光に
つつまれ、ちいさなようせいの姿に!

4
おどろきながら、ふわふわとんでいると、
ざっそうみいつけた!

5
みんなそろって、ふわふわたのしい
ようせいのお花畑♪

6
ようせいのお花畑からもどったざっそう。
きれいなお花にかこまれたことで、
あこがれのブーケへの夢をふくらませる
のでした。

文章《ぶんしょう》を書《か》くときの基本《きほん》のお約束《やくそく》は学《まな》べたかな?
お約束《やくそく》を知《し》ってから、あらためて文章《ぶんしょう》を見《み》てみると、
はじめ→なか→おわりの順番《じゅんばん》や強調《きょうちょう》したいところに気《き》づくはず!
楽《たの》しみながら、身近《みぢか》な文章《ぶんしょう》を読《よ》んでみてね。

この本《ほん》で使《つか》ったシートだよ

この本《ほん》で使《つか》ったシートをいくつかしょうかいするよ。コピーして使《つか》ってね。文章《ぶんしょう》を書《か》くときのヒントにしよう！

書《か》きたいこと整理《せいり》シート

月《がつ》　日《にち》　天気《てんき》

①今日《きょう》起《お》きたことを書《か》こう　②どんなきもち？

③一《いち》番《ばん》心《こころ》に残《のこ》ったこと

どうして心《こころ》に残《のこ》ったのかな？

*使《つか》い方《かた》はP.43を見《み》てね！

これってなあに？ 五《ご》感《かん》クイズシート

こたえは…

＊使《つか》い方《かた》はP.71を見《み》てね！

日《にっ》記《き》が書《か》ける！　メモシート

5W1H
（P.72）で書《か》くと
整《せい》理《り》しやすいよ

月《がつ》　日《にち》　天《てん》気《き》

①材《ざい》料《りょう》をそろえよう！

いつ？

どこで？

だれが？

何《なに》を？

なぜ？

どのように？

そのときのきもちは？

②材《ざい》料《りょう》をもとに、書《か》いてみよう！

月《がつ》　日《にち》　天《てん》気《き》

＊使《つか》い方《かた》はP.115を見《み》てね！

原《げん》稿《こう》用《よう》紙《し》の使《つか》い方をチェック！

コピーして、実《じっ》さいに作《さく》文《ぶん》を書《か》いてみよう。
書《か》きやすいように、かく大《だい》コピーしてもいいね。

タイトル（題《だい》）は1行《ぎょう》目《め》に、上《うえ》から3ますあけて書《か》こう。

書《か》き出《だ》しは1ますあけよう。

学《がく》年《ねん》、組《くみ》、名《な》前《まえ》は、
2行《ぎょう》目《め》の下《した》に書《か》こう。

改行《かいぎょう》したときは1ますあけよう。

読点《とうてん》（、）や句点《くてん》（。）や、かぎかっこ「」、!や?などの記号《きごう》は、1ますを使《つか》って書《か》こう。行《ぎょう》の始《はじ》めにきてしまうときは、前《まえ》の行《ぎょう》の終《お》わりの文字《もじ》といっしょに書《か》いてね。（「）は行《ぎょう》の始《はじ》めにきてもOK。

●読点《とうてん》、句点《くてん》の場合《ばあい》

が、

が、

●かぎかっこ

す」。

ます」。

監修

土居正博（どい　まさひろ）

神奈川県川崎市公立小学校教諭。

東京書籍小学校国語科教科書編集委員。国語教育探究の会会員（東京支部）。全国大学国語教育学会会員。国語科学習デザイン学会会員。全国国語授業研究会監事。教育サークル「深澤道場」所属。教育サークルKYOSO's代表。2018年、読売教育賞受賞。2023年、博報賞（奨励賞）受賞。国語科指導に関する、教員向けの著書を多数担当するほか、「どっちが強い!? 身につくドリル」シリーズ（KADOKAWA）など児童書の監修でも活躍中。

●Staff

構成・文　西野 泉（ウィル）、小園まさみ
ブックデザイン　梅井靖子（フレーズ）
説明イラスト　スヤマミズホ
編集協力　上杉葉子、松中円来（サンエックス株式会社）
校正　福島啓子

すみっコぐらしといっしょに学ぼう
文章が上手になるコツ

編集人　青木英衣子
発行人　殿塚郁夫
発行所　株式会社主婦と生活社
〒104-8357 東京都中央区京橋3-5-7
編集部　☎03-3563-5211
販売部　☎03-3563-5121
生産部　☎03-3563-5125
https://www.shufu.co.jp
製版所　東京カラーフォト・プロセス株式会社
印刷所　大日本印刷株式会社
製本所　小泉製本株式会社
ISBN978-4-391-16225-7

たいへんよくできました